Francesca Valla

# Ogni figlio è un figlio unico

## Vuoi che diventi se stesso? IMPARA a dire NO!

*Prefazione di*
Chiara Bidoli

CAIRO

*I nomi presenti in questo testo sono frutto di fantasia. Le vicende raccontate hanno uno scopo esemplificativo e, nel rispetto della privacy, sono state modificate e non rendono individuabili i protagonisti.*

*Il testo, per quanto possibile, è stato scritto seguendo i principi del linguaggio inclusivo.*



ISBN 978-88-309-0526-9
Prima edizione: ottobre 2025

# Sommario

# Prefazione

*di Chiara Bidoli*

Il contesto in cui stiamo crescendo i nostri figli è estremamente complesso. Viviamo sospesi in una quiete apparente di persistente incertezza che impedisce a noi adulti, per primi, di guardare avanti e, di conseguenza, mostrare alle nuove generazioni un'idea di futuro possibile. Viviamo nell'era della dissociazione, dove tutto vale il contrario di tutto. Viviamo al tempo della iper-digitalizzazione, che per i nostri figli fa parte della realtà, mentre noi ci sentiamo disorientati e isolati seppure perennemente connessi. Viviamo, anche, i tempi dell'iper-informazione. Siamo bombardati da stimoli, messaggi, sollecitazioni di cui siamo, inconsapevolmente, schiavi e che ci hanno portato a perdere di vista l'unica cosa che conta davvero e per cui siamo, biologicamente, programmati: la relazione.

Il libro di Francesca Valla, esperta autorevole di educazione e di relazioni, ma anche grande amica con cui condivido la passione per l'infanzia, vuole essere più di una guida: è un riferimento potente (dal latino *potens, potentis*, che significa «potere, essere capace») per ogni genitore e educatore. È un invito gentile, ma fermo, a spostare lo sguardo verso i nostri figli, a osservarli, a cogliere le loro unicità, mossi da un amore incondizionato che, prima di diventare azione, accoglie senza giudicare. Per farlo, come suggerito dal metodo «FAR LUCE» ideato dall'autrice, è necessario sgomberare il campo da aspettative e modelli genitoriali interiorizzati, per scoprire un modo «unico» di essere genitori perché «unico» è ogni figlio. Solo nell'unicità, infatti, è possibile costruire il proprio modello, che non deve ispirarsi alla perfezione o guardare ad altri, ma dev'essere il risultato di un ascolto profondo e autentico di chi siamo e di chi è il nostro bambino.

È un approccio che chiama in gioco la voglia di scoprirsi, quotidianamente, di creare un rapporto basato sull'ascolto, sul rispetto, che permetta di essere se stessi, di esprimersi liberamente, ma ognuno nel proprio ruolo. Per i genitori è fondamentale non cadere nella tentazione di porsi sullo stesso piano dei figli, accontentandoli in tutto e per tutto, ma offrire una relazione flessibile, adattabile facilmente alla frenesia di questi tempi incerti, ma anche alle necessità e specificità dei piccoli di casa, ovvero proteggere senza soffocare, disegnare confini senza alzare muri. Sarà solo il tempo a dire se quell'approccio sarà funzionale oppure no. L'importante è creare un argine educativo di regole e valori che possa diventare una base solida che protegga durante i primi anni di vita e permetta di far spiccare il volo in autonomia quando arriva il momento giusto. L'adolescenza, il periodo della vita in cui si costruisce la propria identità, caratterizzata da un'estrema fragilità ma anche esplosiva energia, che va canalizzata nel modo giusto, dev'essere infatti «preparata» sin dall'infanzia. E qui torniamo all'importanza dello sguardo che dal genitore si deve poter posare sul bambino e poi seguirlo, a distanza, quando diventa ragazzo e che, come suggerisce Francesca Valla, dev'esserci sempre in tutte le fasi della crescita.

Nel libro viene indicato, concretamente, cosa fare se le cose sfuggono di mano. L'autrice offre suggerimenti pratici, da mettere facilmente in campo, che permettono di affrontare il percorso genitoriale partendo da una profonda auto-riflessione sul proprio passato e sui modelli educativi ricevuti. Un'opportunità per rallentare, fermarsi e porsi una domanda tra tutte: che uomini o donne siamo diventati? Che genitori siamo? Come possiamo essere più «efficaci» nel relazionarci con i nostri figli? Nel libro, l'auto-riflessione si associa alla parola «consapevolezza», ovvero partire da un ascolto profondo, prima di tutto di se stessi, che ci permetta di fare i conti con il nostro passato. A questa si aggiunge l'ascolto «attivo», ovvero prestare attenzione, comprendere e rispondere in modo significativo a ciò che i figli ci stanno comunicando, sia verbalmente sia con il linguaggio delle loro emozioni. Tata Francesca suggerisce, con esempi chiari, come trovare le risorse e le strategie giuste perché ognuno possa affrontare le continue sfide educative e avere una comunicazione efficace, da proteggere, costruire e valorizzare nel tempo.

Buona lettura.

# OGNI FIGLIO È UN FIGLIO UNICO

*A mia figlia Giorgia,*
*dono immenso, bellezza e profondità!*

# 1
# Diventa il genitore che sei

Diventare genitori è un'esperienza che trasforma l'esistenza e dura per sempre: nessun'altra è minimamente paragonabile.

Educare le figlie e i figli è un compito creativo, meraviglioso, ma complesso: da genitori abbiamo la responsabilità di accompagnarli nella crescita, di aiutarli a diventare adulti capaci di vivere in maniera consapevole, responsabile e anche felice. E, in funzione di ciò, dobbiamo fare del nostro meglio per costruire intorno a loro un ambiente denso di calore e amore, dove rispetto e dialogo siano i pilastri essenziali per sviluppare la fiducia in se stessi e negli altri, per affermare la propria unicità.

Quando si assume il ruolo di genitori, può accadere qualcosa di inaspettato: iniziamo a ripensare al passato, al nostro ruolo di figli, ma sotto una luce diversa. A volte, di fronte a certe situazioni sfidanti e faticose, accade che ci tornino in mente le scelte dei nostri genitori; altre volte, invece, in maniera inconsapevole, tendiamo a replicare gli stessi modelli educativi e gli insegnamenti ricevuti, anche se non sempre sono stati costruttivi per la nostra crescita. Come in un copione già scritto – il «copione di vita» di cui si parla nell'Analisi Transazionale – si finisce per ripetere gli stessi errori e in qualche modo si indossa la veste del genitore che abbiamo avuto.

«Un piano di vita inconscio, un piano di vita che si basa su di una decisione presa durante l'infanzia, rinforzata dai genitori, giustificata dagli avvenimenti successivi, e che culmina in una scelta decisiva»: così lo psicologo canadese Eric Berne definisce il copione di vita. È, dunque, un copione che ognuno di noi scrive in maniera inconsapevole nella propria infanzia e che influenza i comportamenti e le scelte che facciamo da adulti.

Senza volerlo, tendiamo a riproporre gli schemi comportamentali acquisiti allora e che ormai sono parte di noi. Ma questa è anche un'occasione per tornare indietro nel tempo, alla nostra dimensione bambina, e rivivere i passaggi attraverso cui siamo cresciuti e la relazione con i nostri genitori. Questo nuovo ruolo, quello genitoriale appunto, ci può offrire l'opportunità di rileggere la nostra storia, quella di quando eravamo solo figli, da un'angolazione inedita, e di intervenire così su noi stessi, permettendoci di scegliere che genitore essere e aiutandoci a svelare chi siamo veramente.

IN POCHE PAROLE, IL GENITORE CHE SCEGLI DI ESSERE DIPENDE DA TE!

## *Il cambiamento inizia da te*

Quante volte ci siamo posti la domanda: «Dov'è che ho sbagliato?», e quante altre ci siamo detti: «Ho fallito come genitore!», sentendoci responsabili di certe fatiche e di certi accadimenti.

♦ *Clara racconta che non vorrebbe mai sgridare suo figlio urlando, ma nei momenti di grande tensione fatica a trattenersi come capitava a sua madre con lei...*

A volte, quando perdiamo la pazienza con i nostri figli o reagiamo in modo rigido, non stiamo davvero scegliendo come agire: stiamo solo ripetendo qualcosa che è dentro di noi, quella voce che dice «si fa» o «non si fa», spesso senza che ce ne accorgiamo. Eric Berne, padre dell'Analisi Transazionale, lo definiva STATO DELL'IO GENITORE: ossia una parte di noi riprende i messaggi, i toni e i comportamenti delle figure che ci hanno cresciuto, come se in ognuno di noi agissero l'Io Genitore, l'Io Adulto e l'Io bambino, attivi in momenti diversi determinando diversi modi di agire. Se ne siamo consapevoli, possiamo attivare l'Io Adulto, capaci di valutare, osservare, agire con calma. Quindi possiamo e dobbiamo migliorare dal punto di vista educativo e relazionale, possiamo cambiare il nostro approccio educativo, ma bisogna volerlo e lavorare prima di tutto su se stessi. Come? Imparando a conoscere davvero se stessi e il figlio che abbiamo di fronte. IL CAMBIAMENTO INIZIA DA TE, DA NOI!

Essere genitori – lo sappiamo bene – esige cura, attenzione, amore e consapevolezza. Sgombriamo però il campo dai sensi di colpa, liberiamoci dall'idea che i figli siano il nostro prolungamento e dal sentirci falliti ogni volta che le loro azioni, i loro gesti o pensieri non siano allineati ai nostri. Noi siamo noi e loro sono loro! Se chiariamo questo a noi stessi, sarà più facile creare rapporti famigliari più armoniosi. Affrontiamo, quindi, con serenità la nostra esigenza di cercare e attuare nuove azioni che risultino più funzionali, che rispondano meglio ai nostri sforzi educativi.

Cambiamo registro.

Per farlo basta volerlo? No, non basta, ma è un buon punto di partenza. Per cambiare dobbiamo metterci in discussione e, prima di tutto, educare noi stessi. Non a caso quando davo alcuni consigli per affrontare le problematiche familiari con il programma *Sos Tata* i genitori si aspettavano che intervenissi sui figli per aiutare a superare certe situazioni di fatica familiare, ma invece partivo sempre lavorando con i genitori per innescare certi cambiamenti.

Quindi, teniamo ben presente che non esistono figli «impossibili», esistono solo approcci educativi non efficaci!

SE VUOI UN CAMBIAMENTO, INIZIA DA TE!

Questo pensiero, bello, forte e costruttivo, se da un lato ti offre un senso di libertà e ti apre alla possibilità di scegliere chi sei o chi vuoi essere, dall'altro però ti carica di un grande senso di responsabilità.

Non è così? In parte sì, ma non facciamoci carico di ogni dinamica familiare faticosa. Il cambiamento parte da te ma poi cresce nel dialogo, nell'ascolto e nella comprensione reciproca. QUINDI, IN FAMIGLIA, OGNUNO DEVE FARE LA SUA PARTE!

Per noi genitori è importante partire da una buona conoscenza e consapevolezza di sé, imparando a interpretare le nostre emozioni, scoprendo le nostre fragilità e i nostri punti di forza. PERCHÉ PER PRENDERSI CURA DEI FIGLI BISOGNA PARTIRE O RIPARTIRE DA NOI.

## *Genitori imperfetti VS genitori consapevoli ed efficaci*

Ricorda: noi cresciamo insieme ai nostri figli. Io non sono più il genitore di dieci anni fa, di tredici anni fa, di cinque anni fa, ma neppure del mese scorso, proprio per questo è necessario ogni tanto fermarsi e guardare indietro per capire come andare avanti per poter evolvere. Non ha senso rimanere il genitore del passato: la crescita di un figlio impone di modificare il tuo approccio educativo (nel linguaggio, nella gestualità, nelle richieste, nelle regole...) perché ogni fase della sua crescita ti richiede nuove sfide e nuove modalità di comunicazione.

«IO SONO SEMPRE LO STESSO» NON È UN'AFFERMAZIONE CHE PUÒ VALERE NELL'EDUCAZIONE DELLE FIGLIE, DEI FIGLI. Non è un bene essere sempre uguali, in una sorta di immobilismo. La crescita deve riguardare anche i genitori. Crescere insieme ai figli non significa perdere la propria coerenza educativa, ma significa sapersi adattare al figlio che abbiamo di fronte, accogliendo il cambiamento come processo naturale.

Prova a pensare: in questi anni insieme a tuo figlio quali cambiamenti sei riuscita o riuscito a mettere in atto? In cosa senti di essere migliorata o migliorato?

♦ *Lucia con la nascita di Davide ha dovuto lavorare su di sé per gestire le emozioni. Di fronte ai capricci del figlio, sbottava e finiva per metterlo in castigo. Quando si è accorta che che i suoi interventi erano inutili e che le reazioni di Davide erano uguali alle sue, cioè senza controllo, ha dovuto cambiare registro mettendosi in discussione.*

Ma quali sono le parole chiave per avviare il cambiamento? Ascolto, osservazione, riflessione e adattamento: sono questi gli elementi a cui attingere!

Prima di tutto dobbiamo metterci in ascolto di noi stessi, guardandoci dentro, facendo spazio alle nostre emozioni, ai nostri pensieri.

Poi osservare nei comportamenti dei figli i segnali che celano magari le loro difficoltà, i loro bisogni.

Riflettere, invece, vuol dire fermarci un attimo e chiederci se il nostro modo di porci è ancora efficace o se dobbiamo intervenire, modificare, cambiare appunto.

Infine, adattarsi agli stimoli nuovi, ai bisogni che nascono dalla crescita di un figlio e farne un'opportunità per evolvere insieme.

Ma, giunti alla consapevolezza di dover cambiare, potremmo sentirci obbligati a inseguire uno standard che ci faccia percepire all'altezza, pensando di diventare così genitori «perfetti». E qui, invece, è bene che ci soffermiamo e facciamo attenzione. Il genitore che cerca la perfezione non si autorizza a sbagliare, è sempre in allerta e vive momenti prolungati di frustrazione, non sentendosi mai adeguato al proprio ruolo. È come una vocina che ti sussurra di continuo: «Non è sufficiente ciò che fai, devi fare di più», oppure «Non puoi fermarti, così resti indietro», e ancora «Non puoi essere contento di te stesso», «Devi dimostrare agli altri se vali qualcosa», «Gli altri sono meglio di te». A livello profondo questo approccio genera insoddisfazione, sofferenza e smarrimento.

Quindi, andare alla ricerca della perfezione – ma poi cos'è la perfezione? Chi detta i parametri? – genera solo sfiducia e ci porta fuori strada, a rincorrere un modello che non ci rappresenta, dimenticandoci del figlio che abbiamo di fronte, delle sue reali esigenze. Ma, soprattutto, ci fa perdere la nostra unicità genitoriale, perché OGNI GENITORE È UNICO A MODO SUO. OGNI PERCORSO PREVEDE INCIAMPI, ERRORI, SCIVOLATE E NON RIUSCIRE A COGLIERE QUESTI MOMENTI SIGNIFICA NON GUARDARSI DENTRO O NON VOLERLO FARE.

Ti può essere capitato di incontrare genitori che sostengono di non aver mai commesso errori, in realtà non vederli non significa non commetterli: questa osservazione è già sufficiente per confermarci che ogni genitorialità include inevitabilmente degli errori. Invece di aspirare a un'impossibile «perfezione» o, per contro, sentirsi infallibili, è importante accettare che l'errore fa parte del percorso di ciascun genitore.

Di più: credo fermamente che si possa essere genitori consapevoli ed efficaci anche sbagliando, anzi forse proprio sbagliando. Il genitore che sbaglia o che percepisce di aver sbagliato è un genitore efficace perché guarda a se stesso con un occhio attento, pronto ad ascoltarsi e a cercare nuove strategie per i suoi intenti educativi. È chiaro che i nostri approcci fanno la differenza sulla crescita di un bambino, ma non basta ripetere che il genitore perfetto non esiste se poi trascorriamo il tempo a colpevolizzarci per i nostri errori. Ribadisco: se li vediamo, siamo già a buon punto! Quindi il genitore che commette errori e li riconosce può diventare un genitore consapevole ed efficace perché si accorge degli inciampi e ha la possibilità di agire, aggiustando il tiro. Quest'ultima frase deve diventare il nostro mantra!

Rassereniamoci, dunque, se siamo genitori è inevitabile sbagliare!

Poi è anche vero che a volte promuoviamo a parole il

valore di una genitorialità «imperfetta», fatta di errori e inciampi, ma poi capita che nella quotidianità, ci ritroviamo a giudicare o a essere giudicati: sei troppo presente, sei troppo assente, sei ansiosa, sei indifferente, troppo permissivo, troppo severo, troppo amico, troppo autoritario, troppo chioccia, troppo distratto, troppo protettivo...

Quante volte ti sei sentito definire così? Siamo sottoposti di continuo a pressioni e giudizi, allora – anche in questo – cominciamo noi per primi a comportarci in modo differente, evitando alcuni atteggiamenti: EVITIAMO DI SMINUIRE L'AFFATICAMENTO DI UN GENITORE, DI CRITICARE LE COMPETENZE GENITORIALI ALTRUI, DI DARE CONSIGLI NON RICHIESTI. Offriamo, invece, sostegno e incoraggiamento agli altri genitori, offriamo ascolto e teniamo sempre presente che ognuno ha la propria storia.

Questa genitorialità che sbaglia non deve però essere una scusante e trasformarsi in un alibi. Non limitiamoci a barricarci dietro al fatto che tutti sbagliano e rimanere fermi lì: il mondo cambia, gli approcci educativi cambiano, i nostri figli cambiano. ANCHE NOI QUINDI DOBBIAMO ABBRACCIARE IL CAMBIAMENTO ED EVOLVERCI.

Detto questo, proviamo a mettere le nostre energie nell'assecondare questo mutamento: quando una genitorialità appare differente dalla nostra, anziché giudicarla, proviamo a rispettarla e magari ad avvicinarci con il desiderio di scoperta. Ho sempre creduto nell'importanza del confronto, anche perché i miei pensieri da soli non mi porterebbero da nessuna parte.

Quindi, allontaniamoci dal termine «perfetti» e avviciniamoci al termine «efficaci»: sì, «genitori consapevoli ed efficaci» può essere per noi un buon faro per orientarci nella direzione da prendere. Consapevoli perché in grado di riconoscere i propri limiti, le proprie risorse e le proprie intenzioni; efficaci perché in grado di affrontare le sfide educative in maniera costruttiva mettendo in campo competenze come l'ascolto, l'accettazione, l'empatia, l'autenticità...

MA COME SI FA A DIVENTARE GENITORI CONSAPEVOLI ED EFFICACI? Prima di tutto, nella vita e nell'essere genitori è importante scoprire se stessi, anche facendoci ispirare, aprendoci al confronto, per poi tornare a noi, esplorando dentro di noi. Quindi non imitare nessuno, ma fatti ispirare da ciò che ti stimola, per diventare genuinamente te stesso. Come scrive Nietzsche: «Diventa ciò che sei!».

Dopo questa premessa che deve farci da guida, poniamoci una domanda: non ci stiamo complicando troppo la vita?

A volte me lo chiedo proprio perché stimolata dalle domande accorate che mi giungono, in cui avverto anche una certa stanchezza nel trovare il proprio centro e una richiesta che evidenzia la necessità di semplificare il nostro compito.

Voglio svelarti subito una verità che ho scoperto col tempo: se vuoi educare tuo figlio in maniera consapevole ed efficace non servono strategie impossibili e non devi nemmeno pensare a un copia-incolla di altri approcci educativi, ma devi solo lavorare su di te – poi vedremo come –, soprattutto attingendo alle tue risorse.

È importante, quindi, che il genitore prenda coscienza del fatto che non si possa arrivare dappertutto, e deve ogni tanto dirsi: «Su questa cosa faccio davvero fatica, sull'altra invece sono posso dirmi soddisfatto». È importante avere consapevolezza del proprio percorso, riconoscersi i punti di forza e anche le debolezze, ed essere contenti di questo.

Io stessa sento di essere oggi un genitore a tratti più efficace, proprio su alcuni aspetti che prima ritenevo di debolezza, perché sono riuscita nel tempo ad ACCOGLIERE LE

MIE FRAGILITÀ E A TRASFORMARLE, ABBRACCIANDOLE, A VIVERLE COME OCCASIONE DI RIFLESSIONE, COLTIVANDOLE, E RENDERLE COSÌ GENERATIVE DI NUOVI PENSIERI E AZIONI.

Nessuno ti può insegnare come si deve fare il genitore: l'unica certezza che noi genitori abbiamo è il dubbio, PERCHÉ CI INTERROGA E CI PERMETTE DI SCOPRIRE qual è il nostro STILE EDUCATIVO. Avere dubbi rispetto all'educare – soprattutto oggi, con le sfide educative contemporanee – è un punto di partenza preziosissimo e il miglior modo per affrontare la propria genitorialità.

Credimi, voglio solo farti riflettere sul fatto che tutti ci sentiamo insicuri nel ruolo di genitori. «QUANDO PENSAVO DI SAPERE TUTTO IN REALTÀ NON SAPEVO NULLA. ERO LA MAMMA PIÙ BRAVA DEL MONDO PRIMA DI DIVENTARLO!» Molti genitori, mamme e papà, si riconosceranno in questa frase. Anch'io avevo tante certezze, prima dell'arrivo di mia figlia. Dopo è cambiato tutto! Grazie a lei ho imparato che è proprio nel porci domande che nasce la possibilità di crescere e di essere autentici con i propri figli, allontanandoci da quell'«io so tutto» che, invece, contiene false sicurezze.

Socrate dice: «So di non sapere» e ci offre un principio che si rivela prezioso nell'educazione dei figli, PERCHÉ UN GENITORE CHE RICONOSCE I PROPRI LIMITI È DISPOSTO A CRESCERE INSIEME A LORO, È DISPOSTO AD AFFRONTARE LE SFIDE EDUCATIVE CONSAPEVOLE DI UN PERCORSO IN COSTANTE EVOLUZIONE.

## *Qui e ora: il tuo metodo educativo è unico*

Avendo compreso il valore dell'errore e del dubbio, avendo chiara la volontà di cambiare, di trovare nuove strade educative, ora ti starai chiedendo: «Come faccio a trovare il modo giusto per educare?». Chiariamo subito che non esiste un metodo unico, valido per tutti. IL METODO INFALLIBILE PER EDUCARE I FIGLI È... SCOPRIRE IL PROPRIO.

Lo so, è spiazzante, ma poche cose sono soggettive come la dinamica genitori-figli. Creare un proprio metodo educativo è impegnativo ma diventa necessario per vivere appieno e in maniera consapevole la propria genitorialità. Pensi che sia troppo complesso? E se ti dicessi che già hai un metodo? Tu lo hai già «scelto» e lo stai usando: pensa a come ascolti, a come comunichi, pensa alle cose su cui investi le tue energie di genitore, a come gestisci le tue emozioni, a come agisci nei confronti di tuo figlio, quali sono le tue aspettative, come affronti le sfide educative...

Certo, magari non ne sei del tutto conscio, ma nelle tue azioni, NELLE TUE PAROLE E NELLE TUE INTENZIONI HAI GIÀ TRACCIATO IL TUO PERCORSO EDUCATIVO. Abbiamo dentro di noi un «metodo» che però non sempre viviamo con consapevolezza, la svolta è acquisirla per capire davvero come eventualmente modificare il percorso che stiamo facendo per crescere i figli in maniera armonica ed equilibrata.

«Tata Francesca, allora, come possiamo educare i figli?» questa è la domanda ricorrente e mi fa sentire subito in sintonia con il genitore che me la pone, perché mi accorgo che siamo tutti interessati a trovare questo metodo personale, unico.

Da dove iniziare per costruire? Partiamo da noi stessi, dall'educazione ricevuta, da ciò che vogliamo tenere e ciò che preferiamo lasciare andare, perché così possiamo definire i valori e gli insegnamenti che desideriamo trasmettere ai nostri figli. E non dimentichiamo mai che le nostre azioni diventano un modello per i figli.

Dopodiché può essere da stimolo conoscere strategie e stili educativi differenti, documentarsi attraverso corsi, letture, incontri con esperti: una volta conosciuto un approccio educativo che sentiamo vicino, possiamo farlo diventare «nostro» e adattarlo alla nostra realtà familiare. Ricordiamo che la cartina di tornasole sono i nostri figli: il loro benessere è la guida per capire se e dove intervenire al meglio per rispondere ai loro reali bisogni e prendersi cura della loro crescita emotiva, personale e relazionale.

All'interno di una famiglia è necessario che lo stile educativo condiviso sia comune e più possibile coerente. In tutto questo, è fondamentale il confronto con gli altri adulti di riferimento che si occupano dell'educazione – l'altro genitore, i nonni – così da condividere un approccio coerente, perché i figli ne hanno bisogno per acquisire sicurezza. So benissimo quanto sia difficile, ma è necessario. Se un genitore dice no e l'altro sì, e questo capita sistematicamente, siamo di fronte a un problema e non lo deve risolvere di certo il figlio o la figlia. Quindi, rimbocchiamoci le maniche!

Il passaggio fondamentale è mettersi in ascolto del bambino, mettersi nei suoi panni, in maniera empatica, perché a volte abbiamo una percezione dei nostri figli che non è reale, il più delle volte è la proiezione di quello che noi vorremmo che fossero. Dobbiamo, invece, avere ben presente che i nostri figli sono qualcosa di diverso da noi, non sono la nostra proiezione nel mondo, non sono il nostro prolungamento. I NOSTRI FIGLI SONO UNICI. UNICI E ALQUANTO DIVERSI DA NOI. Ed è in questa diversità che loro riconosceranno se stessi. Il nostro metodo, quindi, si adatterà a lui, non sarà rigido e immodificabile, ma sarà piuttosto un canovaccio in continua evoluzione, che intreccerà la nostra crescita a quella di nostro figlio, dentro contorni ben definiti. PERCHÉ NON ESISTE UN MODO UNICO PER ESSERE GENITORI, MA ESISTE IL TUO MODO CHE È UNICO. Unico perché solo tu, genitore che ti prodighi nel conoscere chi è davvero tua figlia, tuo figlio, hai la capacità di metterti in discussione e costruire un approccio educativo calibrato, adattato, misurato. Certo, ci sono degli stimoli educativi che si possono condividere, ma poi alla fine il proprio metodo educativo se lo deve creare il genitore stesso, perché solo lui conosce l'unicità del proprio figlio.

Che cosa, quindi, funziona? *In primis* funziona il saper mettersi in discussione, il partire da sé, dalla propria storia, dall'educazione ricevuta, e andare, come dicevamo, a lavorare sul proprio copione e quindi abbracciare il cambiamento che si sta vivendo, perché la genitorialità di oggi è diversa rispetto a quella di ieri, per tutta una serie di sfide educative che il mondo contemporaneo ci presenta. Detto ciò, è importantissimo che il genitore faccia ogni tanto dei salti indietro, nella propria dimensione bambina, proprio perché così ha la possibilità di guardare il proprio figlio non come un prolungamento di sé ma qualcosa di diverso. Perché il figlio è diverso e perché il mondo contemporaneo è diverso!

Chiarito tutto ciò possiamo anche aggiungere che, in qualunque percorso educativo, troviamo elementi comuni importanti, emersi dalla mia esperienza e da quella di tanti genitori, dai miei interrogativi e dalle loro domande. Sono elementi comuni perché l'obiettivo è comune: preparare i nostri figli alla vita. FARLO INSIEME SARÀ STRAORDINARIO!

Più avanti ti parlerò del mio metodo, di come è nato e di come si sia evoluto nel tempo, attraverso la mia esperienza professionale. Ti aiuterà a comprendere ancora meglio quanto detto sin qui e ti offrirà spunti per il tuo, che, ripeto, deve essere assolutamente tuo!

**ORA TOCCA A TE**

Prova a pensare: cosa ami di te come genitore? Scrivilo su un foglio e ogni tanto rileggilo! Purtroppo quando ci guardiamo dentro e fuori è solo per cogliere ciò che non va, ma c'è pure un mondo di cose invece che vanno di te e, credimi, vanno fin troppo bene!

# 2
# Valorizzare l'unicità di un figlio: missione possibile!

Abbiamo compreso quanto sia importante per un genitore tenere presente l'unicità di un figlio. Ma, oltre a tenerla presente, dobbiamo riconoscerla e valorizzarla.

Ma come riconoscere l'unicità di una figlia, di un figlio? Come capire le sue inclinazioni, i suoi desideri, la sua vera essenza?

♦ *Lucia mi scrive che non riesce a trovare in sua figlia quella unicità di cui tanto si parla, nei suoi apprendimenti non appare nulla di straordinario, pratica mille attività ma con risultati non significativi.*

Il problema è che spesso osserviamo la crescita dei nostri figli con uno sguardo stereotipato, aspettandoci che l'unicità debba essere l'espressione di qualche TALENTO, intendendolo, in maniera forviante, come qualcosa di straordinario che magari porta su un palcoscenico o, comunque, sotto le luci della ribalta. Ma non si tratta di questo.

Un talento può essere qualunque inclinazione o attitudine che rende una persona unica nel suo modo di essere e può manifestarsi nella creatività, nella sensibilità, nella curiosità o in altre abilità. L'unicità si nasconde anche nei dettagli più sottili del modo di pensare, di comportarsi; ed è meraviglioso scoprirla nelle nostre figlie, nei nostri figli.

Quindi da dove cominciare? Partiamo proprio dal nostro modo di guardare e ascoltare.

Prima di tutto cerchiamo di conoscere nostro figlio, nostra figlia veramente, per poter scoprire chi è. Proviamo ad allontanare sin da subito le nostre aspettative, le etichette, le nostre proiezioni, i paragoni con gli altri bambini e le pressioni esterne: tutti elementi che rischiano solo di disorientarci. Non dobbiamo cercare l'eccezionalità, bensì valorizzare l'unicità.

## *Davvero vogliamo il meglio?*

Spesso tendiamo a dire: «Io desidero il meglio per mio figlio!».

Ma cosa vuol dire davvero?

Siamo sicuri che nostro figlio sarà più felice se farà il percorso che abbiamo in mente per lui, al fine di farlo eccellere in uno sport o in una data professione?

Quando desideriamo il meglio per un figlio, a volte non ci rendiamo conto ma stiamo in realtà proiettando su di lui i nostri desideri.

Lo iscriviamo al corso di pianoforte, di tennis, di inglese o di pallavolo, magari perché quelle sono le nostre di passioni. Stimolare un figlio è bello e giusto, ma domandiamoci anche se stia facendo ciò che ama, ciò che lo appassiona, ciò che desidera.

♦ *A nove anni era dotato di un eloquio straordinario, una capacità unica nel raccontare e scrivere storie. Il suo sogno era diventare uno scrittore.*
*Oggi Amedeo è un ottimo professionista nel campo economico. Ha seguito le orme del padre, non ha potuto scegliere diversamente. Con un velo di nostalgia si domanda come sarebbe stata la sua vita se avesse intrapreso la strada che lo appassionava di più.*

Non so come sarebbe stata la vita di Amedeo, se avesse avuto la possibilità di seguire la sua inclinazione, ma di certo so come ci si sente quando si riesce a «nutrire» il proprio sogno. Lo vedo continuamente nelle bambine e nei bambini che seguo. Poter assecondare la spinta che si sente dentro permette di trovare se stessi e di accedere a quella parte autentica di sé. Nostro figlio, dobbiamo ribadirlo, è qualcosa di diverso da noi, per questo è importante conoscerlo e aiutarlo a conoscersi, incoraggiarlo a scoprire i propri punti di forza, i propri limiti, ma anche le proprie fragilità. Ed è in particolare la fragilità a cesellare l'unicità dei nostri figli: non deve essere ridicolizzata o ignorata, al contrario, è una risorsa. È essenziale, quindi, aiutarlo a scoprire se stesso, senza se e senza ma.

♦ *Ivan mi scrive che suo figlio, Alessio, dodici anni, non ha inclinazioni, passioni, interessi... e quindi lui cosa può fare? Niente? Lasciare che emerga qualcosa? Non sa nemmeno che scelta fare per le scuole superiori. «Io, alla sua età, invece, avevo le idee chiarissime» dice di sé.*

Capisco benissimo la preoccupazione di questo papà, ma prima di tutto va chiarito che non bisogna paragonare mai la propria esperienza a quella di un figlio. Tornare alla propria dimensione bambina può essere l'occasione per sintonizzarsi con ciò che tuo figlio vive e non per fare confronti. Se, in più, il figlio si trova davanti un padre che pensa di essere ineccepibile e performante, lui farà davvero fatica a esprimersi, a manifestare i propri talenti. Che un genitore abbia idee chiare, non significa debba per forza averle anche il figlio, anzi a volte i momenti di confusione sono necessari prima di mettere ordine. Ogni individuo ha i propri tempi per scoprire che cosa davvero lo appassiona, che cosa è «straordinario» nel suo modo di essere.

♦ *Anche la mamma di Ines, tredici anni, nella scelta della scuola secondaria, era entrata in collisione con la figlia. Nonostante i sei open day, la ragazzina non riusciva a esprimere alcuna preferenza. La fatica di Ines è stata anche nel percepire una certa pressione da parte della madre nel farle notare che i suoi amici erano già tutti orientati... mentre lei era l'unica che non sapeva dove iscriversi.*

A volte un figlio non sa bene che direzione prendere, perché non riconosce in se stesso competenze, talvolta a causa di una bassa autostima. Il compito di un genitore, quindi, è quello di stimolarlo ad apprezzare le proprie peculiarità. E poi rispettare i suoi tempi di maturazione e i momenti di confusione pensando a ciò che vorrà fare da grande. Si tratta di una fase estremamente delicata, cui spesso si arriva senza essere preparati e per questo sono fondamentali il nostro sostegno e la nostra comprensione.

A volte ci si riduce a suggerire scuole solo sulla base dei voti scolastici: bisogna, però, andare oltre l'aspetto della predisposizione di un figlio verso una disciplina o l'altra, ci deve essere anche la passione, bisogna valutare cosa gli piace, a cosa dedica tempo, energia e spazio.

Te lo confesso, paragoni e giudizi spesso divengono una spinta alla competizione, e personalmente l'ho sempre trovata fuorviante. Tuo figlio dovrà metterci impegno e passione in ciò che fa per se stesso, per crescere, e non per superare l'altro, per essere meglio dell'altro.

♦ *Simona ha sempre voluto che sua figlia Jessica, dieci anni, fosse ineccepibile a scuola, chiedendole al termine di ogni verifica quanto avesse preso Sami, la sua migliore amica. Jessica è una bambina in gamba e ha sempre avuto ottimi risultati scolastici, come Sami. Crescendo ha iniziato però a vivere con molta fatica il «successo» dell'amica, che spesso con minor impegno raggiungeva risultati migliori dei suoi. Simona a un certo punto, di fronte alle crisi della figlia che tendeva a sfidarla e opporsi, ha iniziato a pensare: «Ho sbagliato tutto!».*

A Simona abbiamo consigliato di lavorare molto sull'ascoltare e accettare le emozioni di Jessica, sul farle riconoscere l'importanza di un'amicizia speciale (un'amica vera è felice insieme a te dei tuoi successi e viceversa), sul dare valore alla figlia anche quando i risultati non sono quelli sperati, sull'aiutarla a «fallire» (i momenti di inciampo a scuola sono necessari, generativi) e ricordarle che non è il voto a dare merito, sul ridimensionare le aspettative...

Questo l'ha portata a recuperare la relazione con la figlia. Dialogando tanto!

NON SI PUÒ PARAGONARE UN BAMBINO A UN ALTRO, UNA BAMBINA A UN'ALTRA, NON SI POSSONO PARAGONARE I BAMBINI TRA DI LORO, PERCHÉ PROPRIO NELL'ASSENZA DI QUALUNQUE POSSIBILE PARAGONE C'È IL SENSO DELL'UNICITÀ DI OGNUNO. NEL MOMENTO IN CUI PARAGONI I FIGLI ANNULLI IL LORO VALORE! Perché ogni figlio è un figlio unico!

Per far sentire un figlio unico è importante riconoscere ciò che lui è in grado di fare. È fondamentale spiegargli che tutto fa parte del suo percorso di crescita: i momenti di fragilità cambiano, così come i punti di forza. Potresti attingere dalla tua storia personale per raccontargli utili episodi della tua infanzia, IN MANIERA AUTENTICA. Questo lo farà sentire capace e amato.

## *Le etichette e i messaggi di disapprovazione*

Certe affermazioni, se ripetute nel tempo, suonano come sgradevoli etichette e vanno a condizionare negativamente ciò che tuo figlio pensa di se stesso. «Sei pigra», «sei disordinato», «siete insopportabili», «sei un fannullone», «sei troppo timida»...: questi giudizi vanno a pesare sull'autostima di tuo figlio e sul suo comportamento. UN BAMBINO PUÒ DAVVERO INIZIARE A IDENTIFICARSI CON QUELLO CHE SI SENTE DIRE PIÙ SPESSO, RISCHIANDO DI ADOTTARLO COME VERITÀ. Potresti obiettare: «Ma se mio figlio è disordinato o non vuole fare i compiti o prima di uscire di casa ci impiega sei ore, che faccio? Lascio fare?». Certo che non dobbiamo lasciare fare, ma dobbiamo indirizzare la nostra attenzione sul comportamento e non sulla valutazione della persona.

Anziché dire: «Sei il solito disordinato!», prova a dire: «Oggi la tua camera è disordinata, dai facciamo qualcosa per sistemarla!». Oppure, invece di dire: «Sei un fannullone, un perditempo», potresti dire: «Oggi vedo che stai facendo fatica nell'iniziare a fare i compiti, sediamoci un attimo e raccontami in cosa stai avvertendo fatica. Poi predisponiamo il lavoro che devi svolgere così puoi procedere in autonomia! Cosa ne dici?».

Un approccio diverso, quindi, ci permette sì di evidenziare cosa c'è che non va, ma senza puntare il dito mettendo in discussione il valore come individuo. La chiave è aiutare il figlio a capire qual è il problema (scarsa motivazione, fatica nello svolgere i compiti, bisogno di attenzioni) aiutandolo all'autoconsapevolezza attraverso un dialogo positivo e costruttivo anziché reiterare giudizi che diventano zavorre.

Quante volte, magari senza volerlo, senza pensarci bene, diciamo frasi come:

1. Sei sempre il solito!
2. Lo sapevo che mi avresti deluso!
3. Non posso assolutamente fidarmi di te!
4. Cerca di comportarti bene almeno questa volta!
5. Questa è la dimostrazione che non mi posso fidare di te!
6. Ma ti guardi? Ma vedi come ti comporti? Guarda gli altri che bravi che sono!
7. Sei l'unico che si comporta così a tavola!
8. Ti arrabbi per così poco?
9. Certo che sei proprio un fifone!
10. Eh no, da te non me l'aspetto! Tu devi essere una brava bambina!

Se tuo figlio o tua figlia vengono continuamente bombardati da messaggi di disapprovazione, alla fine inizieranno a credere di essere dei buoni a nulla, degli incapaci, dei cattivi, dei pigri, dei fifoni… insomma, si sentiranno sempre non adeguati. Proviamo a essere genitori capaci di riflettere sul nostro modo di comunicare, perché le parole, i gesti e il nostro atteggiamento fanno la differenza.

**ORA TOCCA A TE**

Prova a pensare: quali sono i messaggi che invii abitualmente a tuo figlio o a tua figlia? Nell'arco della giornata invii qualche messaggio di approvazione, di apprezzamento?
Oggi forse è il giorno giusto per una tua eventuale riflessione.

## *Unicità e libertà: il valore del gioco*

La dimensione in cui emergono le inclinazioni di nostro figlio è sicuramente quella della libertà di esprimersi. Ma quante volte lo lasciamo davvero libero di farlo nei pensieri, nelle intenzioni, negli interessi, negli studi? Spesso entrano in campo le nostre proiezioni limitandolo, impedendo questa libertà. È importante invece offrirgli sin da piccolo l'opportunità di sentirsi libero di essere se stesso e di essere felice di ciò che lui è.

Quindi, cosa *non* dobbiamo fare? Non dobbiamo forzarlo per esempio negli studi o in uno sport o in qualsiasi altra attività scelta da noi. Invitiamolo a esprimere ciò che pensa. Diamo fiducia ai suoi tentativi in cui sperimenta e si mette in gioco. Unicità e libertà, quindi, vanno a braccetto, perché un figlio si riconosce di essere unico quando percepisce che è libero anche di riconoscersi questa libertà.

Con i bimbi più piccoli l'attività per eccellenza per tirare fuori le proprie inclinazioni è il gioco. Giocare è apprendimento, scoperta e libertà!

Jean Piaget sostiene che «il gioco è il lavoro dell'infanzia e serve a costruire la conoscenza del mondo». Il gioco, quindi, è un elemento essenziale nella crescita del bambino: contribuisce al suo sviluppo fisico, cognitivo, emotivo e sociale. Attraverso il gioco esplora il mondo che lo circonda, migliora le proprie capacità motorie, stimola la creatività e sviluppa il pensiero critico. Giocando impara a risolvere problemi, a interagire con gli altri, a collaborare con i coetanei e a rispettare le regole, oltre a prendere decisioni in autonomia, a gestire le emozioni, rafforzando così la fiducia in se stesso.

Maria Montessori parla di «lavoro» invece di «gioco», sottolineando quanto impegnativa e seria sia la dimensione ludica per il bambino, per la bambina. E, di conseguenza, quanta importanza è giusto che a esso si attribuisca. Allontaniamo, allora, certe affermazioni come «Stai solo giocando», oppure «Fai qualcosa di costruttivo, lascia da parte il gioco», «Oggi non hai fatto nulla... ti ho visto solo giocare!». Offriamo a nostro figlio spazi per le sue attività ludiche e affianchiamolo nelle stesse, perché importantissime per lo sviluppo della sua identità e per la sua crescita.

♦ *Lara si arrabbia con sua figlia, Celeste, quattro anni, perché non va a tavola quando è pronto. La chiama più volte, ma lei non arriva. La bambina sta infilando le perline in un filo di lana. La mamma, alterata, alza il tono di voce dicendole che non è contenta di lei.*

In quel momento Celeste stava rispondendo a un suo bisogno essenziale, giocare è DAVVERO una cosa seria e dobbiamo mettercelo in testa. Quell'attività aveva dentro di sé tantissimi apprendimenti tra cui lo sviluppo della coordinazione oculo-manuale e l'acquisizione della capacità di portare a termine un compito. Capirne l'importanza ci permetterebbe di intervenire diversamente e di valorizzare certi momenti anziché distruggerli.

Tu, come genitore, in tutto questo, hai un ruolo molto importante. Devi favorire il gioco, in un ambiente stimolante e sicuro, concedendo al bambino il tempo necessario per divertirsi e sperimentare. Ti accorgerai, osservandolo, quanti aspetti di lui emergono che neppure avevi notato e, così, potrai valorizzare le sue caratteristiche, offrirgli altri stimoli in linea con le sue passioni e i suoi talenti.

## *La noia, forza generativa*

Un'altra occasione potente per aiutare tuo figlio a scoprire se stesso è lasciarlo LIBERO DI ANNOIARSI! Sembra paradossale, ma è proprio così. Per noi genitori, invece, vedere i nostri figli annoiarsi è fonte di agitazione. La noia ci appare come «tempo vuoto» in cui non si ha nulla da fare e questo viene vissuto come dannoso. E, quindi, via, sempre pronti a trovare attività e impegni per riempire le giornate dei nostri figli! Donald Winnicott, pediatra e psicanalista, ritiene che la noia sia un'esperienza necessaria per lo sviluppo creativo ed emotivo dei bambini e delle bambine: sperimentare la noia permette loro di scoprire dentro di sé le risorse per affrontarla, aiutandoli a diventare più autonomi e ad affinare capacità di problem solving.

Le bambine e i bambini vivono giornate bombardate di impegni, di attività serrate in cui non riescono mai a fare ciò che gli interessa, non hanno mai quel momento in cui fermarsi e riflettere su ciò che hanno fatto, su ciò che vorrebbero fare. È importante creare questo «vuoto» per dare spazio alla creatività, quella grande forza rigeneratrice che, anche nei momenti bui della vita, consente di trovare strade alternative.

Allora, quando tuo figlio con fare preoccupato ti dice: «Mi sto annoiando», guardalo sorridendo e rispondigli che può essere un'occasione per fare nuove scoperte. Non dirlo in tono sfidante o canzonatorio, ma con convinzione (l'autenticità deve essere sempre alla base del nostro modo di porci) perché, se all'inizio un figlio nel momento di noia e di vuoto si dispiace (prova sconforto), poi lo vivrà diversamente.

TU, GENITORE, PUOI FARE QUALCOSA? SÌ, TANTISSIMO: BASTA CHE NON FAI NULLA! Lascia che trovi soluzioni in maniera autonoma per creare qualcosa, le tue parole e il metterti in ascolto di ciò che sente può essere prezioso per incoraggiarlo a vivere quel momento in maniera vere, attiva. Sperimentalo!

## *L'importanza dell'errore*

♦ *Sofia ripete sempre a suo figlio Giovanni, sei anni, che sbagliando si impara, ma poi di fronte a certi suoi errori (nei compiti, nel sistemare la sua camera...) si accorge di essere poco tollerante.*

Può sembrare strano, ma fare emergere l'unicità di un figlio vuole dire anche educarlo a vivere l'errore, l'inciampo, il fallimento, come una possibilità per crescere, per guardare a sé in maniera costruttiva. A volte è proprio sbagliando che si scopre una strada alternativa e si fanno delle proficue riflessioni su di sé. Quando il bambino vive un momento di sconforto per aver sbagliato, riflette, si interroga. CAPIAMO, QUINDI, QUANTO L'ERRORE SIA PREZIOSO!

L'errore aiuta a porsi delle domande e quindi anche a scoprire competenze nuove, come il problem solving, ossia la capacità di analizzare i problemi e di trovare una soluzione. Si tratta di una competenza essenziale per la crescita del bambino, ne incentiva l'autonomia e lo allena nella capacità di affrontare le sfide della vita.

Il bambino può incontrare costantemente piccoli problemi, anche nel gioco o nelle relazioni con gli altri: affrontare e risolvere un problema lo porta a rafforzare il pensiero critico, la creatività, la capacità di collaborare con i coetanei, l'autostima e la fiducia. Dunque l'errore, in quest'ottica, non è sintomo di incapacità ma diventa un'occasione nuova, una spinta per apprendere e continuare un percorso magari pure sfidante e faticoso.

E questo vale anche per noi genitori, perché, siamo onesti, a volte a parole diciamo di non pretendere da noi stessi la perfezione e poi magari di fronte a un inciampo CE LA PRENDIAMO CON NOI STESSI perché vorremmo essere ineccepibili. In realtà anche noi possiamo sbagliare e quindi sentirci dispiaciuti o demotivati e pertanto ci scappi anche un rimprovero, ma dobbiamo cercare di ricordarci che è attraverso i nostri errori e dichiarandoli ai figli che stiamo insegnando la valenza educativa degli stessi. L'errore ci obbliga a fermarci, a riflettere, a cercare alternative… non deve essere visto come un ostacolo, ma come una nuova opportunità per mettersi alla prova, trovare una soluzione e spesso scoprire una strada alternativa.

Pensa, tutto questo grazie a un errore!

E poi, ricorda, l'errore non è qualcosa che deve essere

corretto il più velocemente possibile, può diventare un'occasione di dialogo, di scambio con i figli. Per esempio, se ci accorgiamo che la camera, troppo spesso, non viene rimessa in ordine come avevamo sperato, forse può avere un senso farlo assieme, perché a volte non è chiaro come bisogna fare, anche se a noi genitori sembra ovvio. Quando un figlio non fa qualcosa perché non ne ha voglia, perché pensa che non sarà mai capace quanto noi, perché è in un periodo sfidante, la soluzione può essere quella di iniziare a farlo insieme. Farlo insieme non vuol dire imporre un modo per fare le cose, ma insegnare che di fronte a un problema esiste una soluzione, che l'errore è un'occasione per trovare strategie più efficaci. L'obiettivo è che nostro figlio sviluppi un atteggiamento positivo nei confronti degli inciampi e delle difficoltà.

Facciamo un esempio.

♦ *Maria, sei anni, si arrabbia con se stessa tutte le volte che sbaglia qualcosa nello svolgere i compiti.*

Il genitore cosa dovrebbe fare in un caso simile? Dovrebbe far capire che gli errori non sono qualcosa da temere ma servono per comprendere su cosa concentrarsi, perché è attraverso il riconoscimento degli sbagli che si cresce e si rafforza la fiducia in se stessi. Cosa succede ai ragazzini e ai bambini quando sbagliano una verifica, un compito o un'attività? Sentono di non valere e invece, anche nell'ambito della valutazione, è importante che ci sia lo spazio dell'autovalutazione in modo che riescano a vedere i propri errori e a essere contenti proprio di questo perché lo vivono come uno stimolo alla crescita personale e non come una condanna. Come si diceva prima, dobbiamo ribadire il concetto: «TU NON SEI IL VOTO!».

Mi capita, nella mia quotidiana attività di insegnante, correggendo compiti o attività, di dire al bambino che, anche se ci sono stati degli inciampi, questo non gli toglie valore soprattutto se dietro c'è stato impegno: deve provare a capire su cosa lavorare e riconoscere quali competenze ha messo in campo, al di là dell'errore, che invece deve essere visto come occasione di scoperta, come opportunità per vedere le cose da altri punti di vista.

♦ *Nadia mi scrive: «Cara Tata Francesca, mia figlia di nove anni sbaglia tutte le verifiche e fa un sacco di errori. Da dove devo partire?».*

In questo caso bisogna davvero andare alla radice del problema e capire cosa non sta funzionando. Ho consigliato a Nadia di fissare un colloquio con gli insegnanti per capire quali azioni mettere in campo per cogliere le fatica della bambina e creare una collaborazione significativa con la scuola.

Il bambino, spesso e volentieri, vive l'errore come una colpa, dicendosi: «Io non sono capace di fare nulla». Bisogna invece stimolarlo, per esempio con delle domande, a tirare fuori cosa ha imparato da questa esperienza, da questo inciampo, in modo da aiutarlo a sviluppare uno sguardo costruttivo sull'errore su cui lui può investire e metterci energia. Per fare emergere l'unicità di un figlio è importante supportarlo nell'individuare anche le proprie fragilità, i propri inciampi e i propri limiti, sempre però come occasione per riconoscere il proprio valore.

In conclusione, l'aspetto più importante per fare emergere l'unicità di nostro figlio è non imporre le nostre aspettative, i nostri sogni, i nostri obiettivi. Dobbiamo, invece, cercare di aiutarlo a scoprire chi è lui veramente, a riconoscere le sue specificità e crescere in un contesto di inclusione, di rispetto, mettendo in campo l'empatia e la cooperazione.

È essenziale incentivarlo a vivere le differenze con una grande consapevolezza, mettendo in luce sia le proprie potenzialità sia i propri limiti, perché solo chi accetta le proprie fatiche, i propri limiti ha la capacità di comprendere quelli degli altri.

Tuo figlio impara e cresce grazie alla relazione che ha con gli altri. È nella socialità che impara il rispetto, il confronto, impara ad accogliere le diversità.

Nel gruppo, nella classe, nel quartiere, insieme ai coetanei, impara la collaborazione, il confronto, la reciprocità. Come dice lo psicologo Lev Vygotskij: «ATTRAVERSO GLI ALTRI DIVENTIAMO NOI STESSI».

La socialità lo aiuta a smussare alcuni aspetti di sé e ad apprendere il rispetto degli altri. Ma ogni bambina, ogni bambino nel gruppo porta la propria unicità. E quell'unicità, come abbiamo visto, rappresenta un valore. Quindi aiutiamo nostro figlio a riconoscere anche l'unicità degli altri, facendogli comprendere che proprio perché diversi offrono risorse incredibili. Se tuo figlio riconosce valore alle altre unicità, è più predisposto a diventare inclusivo, ad allontanare ogni forma di discriminazione e a vedere la diversità come una risorsa e non una minaccia. È questa la base per costruire la cultura del rispetto: comprendere che è molto importante integrare la propria unicità con quella altrui, quindi senza etichettare, senza puntare il dito, evitando giudizi e pregiudizi. I bambini per di più imparano osservandoci, quindi proprio il nostro comportamento nei suoi confronti sarà quello che a sua volta terrà con gli altri: i bambini diventano ciò che respirano!

Quando un figlio si sente riconosciuto per la sua unicità, gli verrà in automatico riconoscere unicità e, quindi, valore negli altri, sviluppando così la predisposizione a essere inclusivo, ad andare incontro all'altro, a essere aperto all'altro.

# 3
# Il metodo FAR LUCE

Avevo sei anni quando la mia maestra mi chiese: «Francesca, cosa vuoi fare da grande?». Rimasi in silenzio. Dicevano di me che fossi «troppo timida», e io quel «troppo» l'ho sempre sentito «di troppo», appunto. E, in quanto alla timidezza, continuo a ritenerla una ricchezza perché ascoltare, lo pensavo quando ero piccola e lo penso tutt'oggi, è un superpotere che apre a un dialogo profondo.

Inoltre, teniamo a mente che certi giudizi, se ripetuti nel tempo, diventano difficili da scardinare.

In ogni caso, sono convinta che CIÒ CHE DICI DI UN BAMBINO ESPRIMENDO UN GIUDIZIO È SOLO CIÒ CHE TU SEI IN GRADO DI VEDERE. Infatti, è vero, parlavo poco, ma osservavo molto.

LA TUA VISIONE DI UNA BAMBINA O UN BAMBINO È CONDIZIONATA DALLE TUE ASPETTATIVE, DALLE TUE PROIEZIONI, DALLE TUE CONVINZIONI E DAI TUOI PREGIUDIZI.

INSOMMA, CIÒ CHE DICI DI UN BAMBINO O DI UNA BAMBINA NON RAPPRESENTA MAI IN PIENO CIÒ CHE LUI È.

In più di trent'anni di lavoro, in diversi ambiti educativi, mi sono presa cura di tante bambine e tanti bambini e ho sempre cercato di non farmi condizionare dalle etichette e dai giudizi. Ho costantemente provato a tenere uno sguardo non giudicante, perché in questo modo chi hai di fronte potesse sentirsi libero di essere se stesso. E una bambina o un bambino che sente uno sguardo benevolo su di sé riesce a tirare fuori il meglio sempre.

Se ci facciamo caso, può capitare che persone diverse abbiano opinioni diverse sullo stesso individuo, questo perché ognuno racconta solo ciò che è in grado di cogliere e, quindi, se a un bambino gli permetti di essere altro dal giudizio, avrà la possibilità di esprimere liberamente la sua essenza e diventare se stesso.

Ero consapevole di non essere una bambina loquace, perché preferivo di gran lunga ascoltare e osservare. Ed è proprio attraverso l'ascolto e l'osservazione che ho iniziato a gettare le basi di quella che oggi è la mia professione. Approfondiremo questo argomento più avanti.

Comunque, alla domanda della maestra risposi, ma solo qualche giorno dopo, sul mio quadernetto, nei pensierini liberi assegnateci per compito: «Vorrei fare la maestra» scrissi. E quelle quattro parole iniziarono a «far luce» nella mia vita e ancora oggi danno senso alla mia professione.

Con l'esperienza nel mondo dell'educazione, attraverso il mio ruolo di insegnante, che amo profondamente, ho maturato la certezza che l'ascolto e l'osservazione, scevri da giudizi e preconcetti, siano strumenti fondamentali per crescere bambine e bambini felici e sicuri di sé. Spesso dimentichiamo di guardare e ascoltare veramente chi abbiamo di fronte, ma questi sono elementi essenziali per un'educazione rispettosa e autentica, basata sul far risplendere l'unicità di ciascun individuo.

## *Tornare bambine e bambini*

L'infanzia è il cuore di tutto, tutto parte da lì, ed è lì che dobbiamo restare se vogliamo crescere. Tornare alla nostra «dimensione bambina» è molto importante per la nostra dimensione genitoriale: ci permette, come abbiamo detto, di rivedere quel «copione» appreso, con cose buone e meno buone, dalla nostra famiglia di origine, ma anche di entrare in sintonia con i nostri figli, rivivendo emozioni che abbiamo provato alla loro età. ASCOLTIAMO IL BAMBINO DENTRO DI NOI PER ASCOLTARE DAVVERO NOSTRO FIGLIO. La mia infanzia felice oggi è il faro del mio percorso: ogni giorno cerco di essere come gli adulti speciali che ho avuto accanto da piccola: i miei genitori, i miei nonni, qualche insegnante e altre persone che ho incontrato strada facendo. Ognuno mi ha lasciato qualcosa. E non passa giorno che io non sia grata di ciò e che io non cerchi di trasformare il mio vissuto di bambina in una realtà per l'infanzia di altri. PERCHÉ OGNI BAMBINO MERITA DI CRESCERE IN UN AMBIENTE IN CUI SI SENTA SICURO, ASCOLTATO, AMATO E LIBERO DI ESPRIMERSI.

Nel mio percorso formativo ho incontrato persone straordinarie che hanno saputo guidarmi e orientarmi nel trovare la mia strada, che mi hanno aiutata a far luce dentro di me per poi arrivare concretamente a definire il mio approccio. Non ho la presunzione di definirlo un metodo educativo rivoluzionario, ma sento di dirti che lo potrà diventare nella tua quotidianità di genitore. Perché bastano piccoli cambiamenti, semplici gesti di consapevolezza, per avviare una rivoluzione, e solo lì possono nascere: da te. Perché, come abbiamo già avuto modo di dire, non esiste un'unica strada per essere genitori, così come non esiste un unico metodo educativo. Ciascuno deve trovare il proprio, modellandolo sull'identità del proprio figlio e sulla base delle esigenze della propria famiglia. Quello che posso offrirti è una suggestione, uno sguardo per riflettere su come PICCOLI GESTI QUOTIDIANI POSSANO GENERARE GRANDI CAMBIAMENTI.

TI INVITO A FERMARTI, A OSSERVARE IL TUO BAMBINO CON OCCHI NUOVI, A LASCIARTI GUIDARE DALL'ASCOLTO SINCERO E DALL'EMPATIA. LA VERA RIVOLUZIONE INIZIA DENTRO DI TE, NELLE SCELTE DI OGNI GIORNO.

## *Illuminiamo il nostro cammino di genitori*

Maria Montessori, Thomas Gordon, Carl Rogers, Donald Winnicott, Eric Berne… mi hanno aiutata tante volte a rivedere competenze, attitudini e valori che in cuor mio sentivo di voler coltivare, che sentivo necessarie per la mia missione educativa. Ed è così che strada facendo, tenendo lo sguardo attento sulle mie bambine e sui miei bambini, nelle scuole e nelle famiglie, è nato quello che definisco «il mio metodo».

Un giorno ho scritto tutte le parole che ritenevo funzionali per definire le competenze essenziali per educare i figli.

È nato così: con lettere sparpagliate che in maniera inaspettata hanno dato vita, come tessere di un puzzle, a due parole sintesi del metodo.

F di fermezza; A di ascolto, accettazione, assenza di giudizio, autenticità; R di rispetto; L di libertà; U di unicità; C di creatività; E di empatia:

## F.A.R. L.U.C.E.

Queste le competenze del metodo «FAR LUCE». Su questo acronimo si basa il mio approccio educativo, il «metodo» frutto del mio lavoro, nei diversi ambiti, per rendere chiaro quali siano le competenze da sollecitare nella genitorialità.

QUELLO CHE VORREI, INFATTI, È SOSTENERTI COME GENITORE, AIUTANDOTI PRIMA DI TUTTO A FARE LUCE DENTRO DI TE.

A volte, infatti, fatichiamo a trovare risorse dentro di noi, anche se queste ci sono, perché siamo confusi, forse troppo pressati dalla promozione di un modello di genitorialità inarrivabile o forse perché cerchiamo solo risposte fuori di noi, senza esserci guardati dentro e interrogati a sufficienza. Ecco, CON FAR LUCE VORREI ILLUMINARE IL TUO PERCORSO DI GENITORE E DI CONSEGUENZA QUELLO DI TUO FIGLIO, PERCHÉ UN FIGLIO IMPARA INTERIORIZZANDO CIÒ CHE VIVE.

Riuscire a vivere la relazione con i figli in maniera consapevole, senza soffocare le loro inclinazioni, i suoi desideri, anche quando si oppongono alle nostre indicazioni, e coltivare così le loro attitudini, tirando fuori i loro talenti, è il vero compito di ogni genitore.

Renderli individui sicuri di sé, liberi, capaci, in grado di esplorare la vita e di esprimere la propria creatività: questo è quello che dobbiamo augurarci. Ecco perché dobbiamo PRIVILEGIARE UN APPROCCIO CHE SIA UN GIUSTO EQUILIBRIO TRA FERMEZZA E DOLCEZZA, PROPRIO PER FAR EMERGERE IL MEGLIO DA OGNI BAMBINO.

Quello che desidero è offrirti suggestioni, spunti di riflessione e strumenti pratici, tenendo sempre presente che il metodo non è mai rigido o direttivo. Sarai tu a scegliere e integrare ciò che senti più utile per il tuo percorso di genitore.

Di seguito troverai il mio pensiero e le mie esperienze su competenze che considero essenziali per comprendere i bisogni dei figli e accompagnarli nella crescita.

FERMEZZA è sinonimo di solidità, coerenza e determinazione nell'approccio educativo, mantenendo principi, regole e aspettative, in un ambiente rispettoso, amorevole, che faccia sentire il figlio al sicuro. Nulla a che vedere con la rigidità, ma solo un sano equilibrio tra autorevolezza e comprensione, che aiuta il bambino a sviluppare senso di responsabilità e rispetto per sé e per gli altri.

♦ *Patrizia e Leonardo, genitori amorevoli, faticavano ad attivare questa competenza, perché temevano che dare regole e dire «no» a Simone, dieci anni, fosse come punirlo, negargli spazi di sperimentazione. In realtà, strada facendo, mentre Simone cresceva, si è fatta sempre più forte la necessità di mettere dei limiti, proprio perché il figlio iniziava a pensare che tutto fosse lecito e lo manifestava attraverso comportamenti che decideva lui ed era lui a dire «no». Questo capitava anche a scuola così, dopo un colloquio con le insegnanti, i due genitori decisero di rivedere il loro approccio educativo. Per prima cosa hanno parlato con il bambino, coinvolgendolo, hanno spiegato perché in quel modo non andava bene e poi hanno messo qualche semplice regola di convivenza. Ma determinante è stato, da parte loro, essere più coerenti nel dire «no». Questi semplici accorgimenti hanno permesso loro di svoltare e a Simone di capire che limiti e confini vanno rispettati.*

Mi piace usare il termine «svoltare», perché evidenzia come a volte cambiamenti significativi arrivino non per cause fortuite ma perché ci si rimbocca le maniche e ci si mette in gioco con impegno e volontà. Sappiamo bene che certi «no» sono faticosi, ma se ben spiegati e proposti in maniera equilibrata rappresentano davvero un insegnamento fondamentale per nostro figlio, per il suo futuro.

ASCOLTO: un bambino ascoltato è un bambino che si sente visto, è un bambino che si sente valorizzato e soprattutto impara a riconoscere ciò che ha dentro e a tirare fuori il meglio di sé. Se mi dovessero dire qual è la competenza più importante da mettere in campo direi che nella mia top five c'è certamente l'ascolto. Ascoltare è davvero una competenza indispensabile per educare i figli e crescere insieme a loro.

♦ *Giada si lamentava che le sue due figlie, Alice e Carmen di sei e undici anni, non l'ascoltassero. Le sembrava di parlare a vuoto, chiedeva le cose fino allo sfinimento. Trascorreva le sue giornate a ripetere loro quello che dovevano fare e a sottolineare quello che non avevano fatto.*

Sembrava una situazione difficile da sbloccare, con le due bambine indifferenti a ogni richiesta della madre. In realtà, piano piano, sollecitare Giada ad ascoltarle in maniera attiva ed empatica è stato il primo passo per poi avere una ricaduta positiva sulla comunicazione in famiglia. La madre ha cominciato a chiedere di cosa avessero bisogno, cosa sentissero, e allora le bambine iniziarono a mostrare maggiore apertura, abbassando le difese e rompendo quel muro di ostinata distanza. Condivido quanto dice lo psicanalista austriaco Bruno Bettelheim: «La dote indispensabile di un saggio educatore è la disponibilità e la capacità di soppesare dentro di sé le possibili motivazioni del comportamento del figlio». È stato proprio così anche per Giada con le sue figlie che, di fronte a un approccio diverso, sono diventate più responsive, più attente.

ACCETTAZIONE è far capire a un bambino che può essere ciò che è e che noi lo accettiamo in maniera incondizionata proprio perché rispettiamo la sua unicità, senza fargli sentire pressioni di conformità che vengono dall'esterno. «È nel momento in cui mi accetto così come sono che io divengo capace di cambiare» dice lo psicologo Carl Ransom Rogers, sottolineando che l'accettazione è essenziale per avviare il cambiamento.

♦ *Caterina raccontava che sua figlia Sole, cinque anni, si comportava malissimo quando venivano degli ospiti a casa e lei non sapeva più cosa fare. Aveva provato di tutto, dalle punizioni ai richiami, ma senza successo: Sole, entusiasta, iniziava a correre da un divano all'altro e interrompeva continuamente la madre appena cercava di parlare.*

Intanto, vorrei sottolineare che l'uso delle punizioni può portare a una dinamica basata sulla paura o generare risentimento nei confronti del genitore. Le punizioni non incentivano all'autonomia, allo sviluppo del senso critico e del senso di responsabilità. È necessario un approccio diverso, basato sulla comprensione e sul dialogo. E questo non vuol dire affatto essere permissivi. Si può educare con fermezza anche senza ricorrere alle punizioni.

La svolta, invece, è arrivata quando Caterina ha iniziato a lavorare sulle emozioni di Sole, bambina piena di energia. Riconoscere, dare un nome e legittimare le emozioni è stato fondamentale.

Sole non riusciva a controllare la sua gioia quando arrivavano gli ospiti, la sua era un'esplosione di energia e non di disobbedienza. È servito quindi lavorare sull'accettazione delle emozioni per aiutare Sole a non sentirsi sbagliata, giudicata ma accolta e accettata. Per dirla con Thomas Gordon, psicologo, allievo di Rogers: «È uno di quei paradossi semplici ma bellissimi della vita: quando una persona sente di essere sinceramente accettata per quella che è, si sente libera di prendere in considerazione un possibile cambiamento, di pensare a una possibile crescita, a cosa vorrebbe diventare, a come realizzare maggiormente il proprio potenziale».

L'ASSENZA DI GIUDIZIO, poi, permette di lasciare libero il bambino di manifestarsi, di pensare, di sentire, senza avere timore dell'adulto, del genitore, proprio perché ha fiducia in lui e si sente libero di esprimersi.

♦ *Stefania, otto anni, ogni giorno si sentiva ripetere dagli adulti che siccome si imponeva con gli altri bambini nessuno avrebbe più voluto giocare con lei. E così fu.*

Così fu non perché Stefania era una bambina prepotente, ma perché Stefania sentiva dire di se stessa solo questo. E PERCHÉ UNA BAMBINA NON DOVREBBE CREDERE A CHI AMA? Perché una bambina dovrebbe essere diversa da ciò che le attribuiscono? Quell'etichetta era una gabbia, un giudizio dal quale era difficile liberarsi. Solo un adulto autorevole e affettivamente vicino a lei poteva salvarla, facendola sentire libera di essere anche altro da ciò che le attribuivano.

Stefania, grazie all'aiuto della sua insegnante che l'ha valorizzata a fatta sentire speciale, ha iniziato a rispettare gli altri, a non imporsi, a condividere i giochi, ad accettare che i compagni avessero idee diverse dalle sue.

L'insegnate l'ha fatta sentire capace e degna di essere amata.

QUESTO PER RICORDARCI CHE I BAMBINI DIVENTANO CIÒ CHE DI SÉ SENTONO DIRE PIÙ SPESSO.

Ed è per questo che ritengo fondamentale abbattere i giudizi e i pregiudizi, veri e propri macigni per i nostri figli.

**ORA TOCCA A TE**

Qual è la frase che dici più spesso a tuo figlio? Prova oggi stesso a dirgli qualcosa che di lei o lui ami che però non dici abitualmente o non hai mai detto!

AUTENTICITÀ: un genitore autentico, un genitore credibile, non indossa maschere con il proprio figlio, e questo il figlio lo percepisce al volo, sente se ha un genitore vero, credibile e di conseguenza lo ascolta, lo segue con più facilità.

L'autenticità è necessaria nella relazione con i figli per creare un rapporto di reciproca fiducia.

♦ *Giacomo e Loredana raccontano che la figlia Federica, dieci anni, ha iniziato a dire bugie sui voti a scuola. Per i genitori è stata una doccia fredda leggere la scheda di valutazione e nel colloquio con le insegnanti hanno scoperto che Federica sta manifestando una certa fatica negli apprendimenti.*

In questo caso i genitori sono stati aiutati a lavorare su se stessi e sono giunti alla consapevolezza che fosse necessario abbassare le aspettative nei confronti della figlia per vivere con lei una relazione più autentica. La bambina sentiva la pressione dei desideri genitoriali sul proprio percorso scolastico e questo la portava a nascondere gli insuccessi raccontando bugie. Un approccio meno giudicante e meno carico di aspettative da parte dei genitori le ha poi permesso di vivere con più tranquillità la scuola, sentendosi libera di essere se stessa, senza ricorrere alle bugie.

RISPETTO, perché il bambino che viene rispettato sarà, a sua volta, rispettoso nei confronti degli altri: in fondo i bambini diventano ciò che respirano, vivono.

♦ *Marica ha capito che urlare a sua figlia Giulia, tredici anni, non solo non serviva a nulla, perché la ragazza nel tempo aveva proprio smesso di ascoltarla, ma evidenziava la sua incapacità di relazionarsi con lei.*

Il cambiamento è iniziato quando la mamma ha partecipato a un incontro per genitori in cui si discuteva delle competenze da mettere in campo. Ognuno doveva scegliere una parola e Marica ha scelto proprio «rispetto».

Aver scelto quelle parole tra tante l'ha fatta riflettere arrivando così alla convinzione che forse era un aspetto che aveva trascurato da tempo.

È stato l'inizio di un nuovo percorso per Marica. È davvero sorprendente come a volte basti poco per dare vita a un cambiamento che può fare del bene a tutta la famiglia.

LIBERTÀ significa dare la possibilità ai figli di esplorare, di sperimentare, di inciampare, di sbagliare e di essere comunque considerati degli individui di valore, persone capaci. Educare alla libertà vuol dire anche insegnare ad avere uno sguardo critico e, quindi, fornire gli strumenti per operare scelte autonome, indipendenti: per questo devi crescere tuo figlio senza schemi prefissati, rigidi e devi incentivarlo, sempre in sicurezza, nell'esplorazione e nella sperimentazione.

♦ *Andrea e Camilla, genitori molto attenti, capiscono che nella crescita di Ludovica, quattordici anni, stanno interferendo troppo compromettendo così il suo bisogno di autonomia. Dopo l'ennesima discussione, Ludovica manifesta ai genitori la fatica di essere sempre controllata che avverte come una perdita di fiducia da parte loro.*

Andrea e Camilla comprendendo che non potevano rimanere ancorati alle regole che le avevano dato quando era più piccola, hanno deciso di iniziare a concedere qualche libertà alla figlia e per il periodo estivo hanno permesso a Ludovica di partecipare a un viaggio studio con un gruppetto di compagni e alcuni insegnanti.

UNICITÀ, perché ogni bambino è unico, è speciale, è irripetibile ed è importante lavorare in questa direzione, senza paragonarlo ad altri, aiutandolo a scoprire i propri talenti, la propria unicità, sentendosi apprezzato e amato proprio per questo.

♦ *Andrea si accorge che suo figlio Luca, sette anni, sceglie di giocare a calcio perché tutti i suoi compagni lo fanno.*

Il padre capisce il bisogno del figlio di sentirsi parte del gruppo di compagni di classe, ma vuole aiutarlo anche a tirare fuori le sue passioni e lo fa raccontando la sua esperienza. Anche a lui era capitato di scegliere di giocare a basket per stare con i suoi amici, l'esperienza non è stata negativa in sé ma il vero desiderio era sempre stato quello di giocare a tennis. Solo da adolescente è riuscito a dedicarsi al suo sport del cuore.

CREATIVITÀ: fondamentale per sviluppare il problem solving e la capacità di adattarsi a qualunque situazione. È quella competenza che ti salva nei momenti di fatica perché ti consente di trovare strade alternative. Coltivare nei figli la creatività permette loro nella quotidianità di cercare soluzioni nuove e originali alle sfide che affrontano, e anche di crescere con una mentalità aperta e resiliente, trasformando gli ostacoli in opportunità

♦ *Priscilla si rende conto che suo figlio Pietro, dieci anni, soffre per i propri errori e ogni volta che sbaglia si colpevolizza. La madre allora si chiede se, consapevolmente o meno, gli trasmetta l'idea che sia necessario raggiungere sempre prestazioni alte. Riflette sul fatto che, forse, pretendendo troppo da se stessa, sta inconsapevolmente insegnando al figlio che non è ammesso sbagliare.*

Dopo questa presa di coscienza, decide di mutare atteggiamento. Quando Pietro si demoralizza per un errore in un compito in classe, la mamma invece di provare a incoraggiarlo a fare meglio in futuro decide di intervenire in maniera diversa: quindi gli chiede di provare a capire cosa gli ha insegnato quell'errore. Priscilla spiega al figlio che a volte sbagliare aiuta a trovare strade alternative, così parte dall'esempio di numerosi scienziati o storici che proprio sbagliando hanno fatto scoperte sorprendenti: emblematica è la storia di Cristoforo Colombo, che cercava una rotta per le Indie e invece trovò un intero continente. Hanno così scoperto insieme che è possibile cercare se in realtà ogni errore cela qualcosa di nuovo. E Pietro ha capito che la creatività trasforma in molte occasioni un errore in una scoperta.

EMPATIA, infine, ma non per ordine di importanza, in quanto è una competenza chiave nel rendere speciale e unica la propria genitorialità.

Il genitore empatico è in grado di mettersi nei panni di un figlio, a sintonizzarsi con lui, a comprendere emozioni e sentimenti, riuscendo così ad affrontare al meglio le dinamiche formative quotidiane. E la capacità di connettersi con i figli in maniera autentica permette di creare un clima positivo in famiglia e favorisce una comunicazione aperta e rispettosa. Sull'empatia poggia gran parte di un approccio educativo efficace. Trasferire questa attitudine significa educare un figlio non solo a riconoscere le proprie emozioni ma anche a riconoscere e rispettare quelle degli altri. Un bambino o un adolescente che sente le emozioni di un amico e le rispetta diventerà un adulto capace di costruire relazioni profonde e solide, acquisirà le competenze necessarie per lavorare in gruppo e risulterà più predisposto ad affrontare le sfide con più efficacia.

♦ *Giusy, tre anni, urla e sbraita al supermercato davanti al «no» di suo padre Rossano.*

Per evitare crisi, il genitore aveva smesso di portarla con sé a fare la spesa. Successivamente viene stimolato a mettere in campo l'empatia, a dare un nome alle emozioni di Giusy e ad accettarle, non negarle o sopprimerle, ed è stato illuminante. È stato anche prezioso anticipare a Giusy cosa avrebbero acquistato e cosa no, assegnandole anche semplici compiti nell'aiutare a fare la spesa.

## *FAR LUCE: un approccio educativo concreto per crescere insieme*

Il metodo FAR LUCE, quindi, è un approccio educativo FLESSIBILE, che puoi adattare alla tua famiglia, e che vuole promuovere un'educazione consapevole, rispettosa e autentica.

Ma come si fa a metterlo in pratica concretamente?

Innanzitutto, voler FAR LUCE nelle nostre famiglie, mi sembra già un buon presupposto e ognuno si senta libero di prendere qualche spunto presente in questo capitolo e di adattarlo alla propria realtà. RICORDATE CHE DAL PUNTO DI VISTA EDUCATIVO C'È SEMPRE MARGINE DI MIGLIORAMENTO. E poi, non c'è bisogno di fare grandi rivoluzioni: a volte bastano piccoli accorgimenti da inserire nelle nostre quotidianità e tutto riprende a funzionare.

Vediamo insieme qualche suggestione:

F → FERMEZZA

- Definisci poche regole chiare e condividile in famiglia.
- Fai in modo che le regole vengano rispettate, ricordandole (con i bambini piccoli scrivetele, o rappresentatele con un disegno, in giro per la casa) e mettendo in campo una comunicazione assertiva.
- I «no» devono rimanere «no», ma non devono essere sfidanti (approfondiremo il tema nel capitolo sui «no»)
- Fermezza non vuol dire durezza o rigidità, significa chiarezza e coerenza educativa.

A → ASCOLTO, ACCETTAZIONE, ASSENZA DI GIUDIZIO, AUTENTICITÀ

- Ascolta con attenzione.

- Mantieni l'aggancio visivo (quando parliamo con i figli guardiamoli negli occhi).
- Non sovrapporti mentre i figli si raccontano.
- Lascia liberi i figli di esprimersi.
- Annuisci con la testa per favorire il racconto.
- Ascolta, rispetta e accogli le loro emozioni, non giudicarle.
- Nell'arco della settimana crea dei momenti sul divano, in cui dialogate e vi raccontate.
- Non esprimere giudizi su tuo figlio ma piuttosto aiutalo a riflettere sul suo comportamento.
- Cerca di essere autentico con tuo figlio, in questo modo diventerai credibile.

R → RISPETTO

- Usa un tono rispettoso quando gli parli, puoi anche essere fermo e diretto ma tieni un registro comunicativo cortese.
- Non alzare la voce (ogni tanto scappa, lo sappiamo), ma trova un modo per comunicare con fermezza mantenendo un comportamento educato.
- Se sbagli, ammettilo, questa è una forma di grande rispetto verso il figlio e così gli insegni anche che nessuno è perfetto.
- Lasciagli lo spazio necessario per sperimentare e sbagliare, dimostrando la tua fiducia.
- Valorizzalo senza lodarlo eccessivamente, piuttosto non smettere di rinnovare la tua fiducia in ciò che fa.
- Evidenzia che il confronto è prezioso, che non avrà sempre ragione su tutto e i pensieri degli altri sono importanti quanto i suoi.

L → LIBERTÀ

- Permettigli spazi, attività ed esperienze per sperimentare in autonomia, sempre in sicurezza
- Ogni tanto consentigli di fare scelte tra diverse opzioni, affinché sviluppi responsabilità e capacità decisionali.
- Lascialo libero di sbagliare, di inciampare e di fallire aiutandolo a vedere ogni esperienza come una nuova scoperta.
- Scegliete in maniera alternata le attività, i giochi e le esperienze da svolgere nel pomeriggio.
- Lascialo libero di esprimersi e di diventare se stesso.

U → UNICITÀ

- Stimolalo nel giocare liberamente.
- Valorizza le sue creazioni, le sue emozioni e i suoi pensieri perché unici.
- Scopri le sue inclinazioni sperimentando attività ed esperienze diverse.
- Leggete storie di personaggi che hanno trovato in campi diversi spazi per potersi esprimere.
- Non paragonarlo agli altri.
- Fallo sentire capace ma sempre nel rispetto degli altri.

C → CREATIVITÀ

- Incoraggialo attraverso il pensiero divergente.
- Aiutalo a trovare soluzioni alternative alle sfide che incontra.
- Leggete e inventate storie.
- Stimola il pensiero critico.

E → EMPATIA

- Promuovi la capacità di mettersi nei panni degli altri.

- Prendi spunto dalla quotidianità per aiutare tuo figlio a sentire ciò che può provare un compagno o una compagna.
- Leggete insieme storie che tocchino temi come la diversità, l'inclusione, il bullismo, la gentilezza e le emozioni e confrontatevi.
- Create un piccolo teatro delle emozioni con materiali di riciclo e inventate storie mettendo in scena le emozioni stesse.
- Imparate a dare il nome corretto a ciascuna emozione e fatele disegnare ai bambini più piccoli.
- Guardate insieme un film e poi parlatene, mettendo proprio l'accento sulle sue riflessioni: «Cosa pensi che abbia provato il protagonista?».

E ADESSO PRENDI SPUNTO, PORTA A CASA CIÒ CHE PENSI POSSA ESSERTI DI AIUTO E INIZIA A FAR LUCE!

**ORA TOCCA A TE**

Quale parola senti che ti manca di più nella relazione con tuo figlio? Scegli la tua competenza, quella che senti necessaria alla tua crescita genitoriale, del metodo FAR LUCE e scrivila su un foglio al centro. Intorno disegna un cerchio da cui partono 4 frecce e su ognuna scrivi:

1. Perché hai scelto quella parola.
2. Come ti senti quando la riesci a mettere in pratica.
3. Cosa ti blocca quando non riesco a metterla in campo.
4. Quali piccole azioni puoi mettere in pratica da oggi.

# 4
# Impariamo a dire «no»!

«Penso che non dicendo di "no" al momento giusto rischiamo di sottrarre possibilità e risorse a noi stessi e ai nostri cari; ci limitiamo troppo, non esercitando i nostri "muscoli emotivi". Un "no" non è necessariamente un rifiuto dell'altro o una prevaricazione, ma può invece dimostrare la fiducia nella sua forza e nelle sue capacità» scrive la nota psicoterapeuta Asha Phillips. Sembra di fatto una parola ostica, dura. Sono due lettere difficili da pronunciare e da ascoltare. COME GENITORI DOBBIAMO, INVECE, TENERE PRESENTE CHE IL «NO» CUSTODISCE UN PILASTRO EDUCATIVO ESSENZIALE PER LA CRESCITA DI NOSTRA FIGLIA, DI NOSTRO FIGLIO. Eppure, imparare a dire «no» è difficile perché il genitore deve riuscire non solo a dirlo ma anche a gestire in maniera costruttiva tutto ciò che ne può derivare. Il divieto genera malumore, contrasti, diverbi, quindi bisogna saperlo sostenere. Dire «no» a un figlio è un atto necessario per allenarlo a conoscere se stesso, prepararlo alla vita, insegnargli a dire «no» a sua volta quando è necessario. E, proprio per questo, è molto importante usarlo bene, in maniera efficace.

Vediamo insieme come.

## *Il valore educativo del «no»*

Il «no» ci fa pensare subito a un divieto, a qualcosa che blocca, che può soffocare e che non permette a nostro figlio di esprimersi. Temiamo che possa compromettere la relazione con lui e che il suo amore possa venire meno. Alcuni genitori rinunciano a porre limiti e a dare regole perché temono di mettere il figlio in difficoltà, di farlo soffrire: lo vorrebbero vedere sempre contento, come se potessero evitargli pure gli inevitabili limiti che la vita stessa gli porrà. Ma un atteggiamento passivo e accondiscendente trasmette ai figli l'idea che tutto sia dovuto. E questo non li aiuta a crescere, non li prepara al mondo.

INVECE, UN «NO» DETTO IN MANIERA CONSAPEVOLE E RAGIONATA È UN ATTO D'AMORE.

È così che dovremmo spiegarlo alle nostre figlie, ai nostri figli, raccontando loro che anche per noi da piccoli certi «no» sono stati faticosi ma estremamente educativi. Quando tuo figlio capisce che il tuo «no» non è modificabile, inizierà a prenderne atto e cercherà di capire cosa può fare in base a quel limite. Il «no», quindi, diventa altamente generativo, dando spazio alla creatività. Ecco perché è un dono, perché gli dà la possibilità di esprimere la sua unicità. Ti ricordi di un «no» ricevuto da bambina o da bambino che ai tempi non avevi ben digerito e oggi invece riconosci che è stato cruciale per la tua crescita? Credo proprio di sì!

Dobbiamo imparare, allora, a riconoscere il valore educativo dei «no». Non sentiamoci colpevoli nel negare qualcosa, anzi, al contrario, siamo consapevoli che stiamo offrendo protezione, presenza. IL «NO» STABILISCE CONFINI, FA CAPIRE A TUO FIGLIO CHE CI SEI, CHE CI TIENI A LUI E CHE VUOI IL SUO BENE, LO AIUTA A ORIENTARSI, DIVENTA PER LUI UNA SORTA DI BUSSOLA. Un genitore può essere accogliente, amorevole, empatico e al tempo stesso saper dire «no».

Attenzione, però, non deve essere un «no» arbitrario, immotivato, deve essere un «no» argomentato, spiegato e motivato tenendo conto dell'età del bambino. Limiti e divieti hanno la funzione di permettere a una figlia, a un figlio di capire cosa è lecito e cosa non è lecito fare, di stare all'interno di un gruppo, di vivere al meglio le relazioni a casa e fuori. Allora, imparare a dire «no» con consapevolezza li aiuta a comprendere che non esistono solo i loro bisogni e desideri, ma anche dei confini. All'inizio il limite apparirà ai loro occhi come qualcosa di imposto dall'esterno ma, con il tempo, si trasformerà in un processo interno. Un «no» detto con fermezza e rispetto apre lo spazio al dialogo, allo scambio anche di idee divergenti, e insegna che entrare in disaccordo è un'occasione di crescita. VIETARE NON VUOL DIRE PUNIRE!

Dunque, i «no» devono essere calibrati e misurati, con una motivazione chiara e coerente. Per esempio: «No, in bicicletta non vai senza casco perché è pericoloso» oppure «No, lo smartphone non te lo prendiamo perché non hai ancora l'età giusta». Il caso della richiesta di uno smartphone, a un'età sempre più bassa, è tipico. Ma potremmo fare innumerevoli esempi. Spesso tendiamo a dare risposte vaghe evitando di esprimerci, generando confusione nei figli. Questa mancanza di chiarezza li spinge a insistere incessantemente, nella speranza che, per sfinimento, il genitore ceda e dica di «sì». Al contrario, il «no» deve essere espresso in modo equilibrato e deciso: «No, non hai ancora l'età giusta per possedere uno smartphone. Lo potrai avere quando sarai alla scuola secondaria, ne parleremo insieme e sempre insieme capiremo qual è il modo per utilizzarlo in maniera corretta». Questa modalità permette al bambino di accettare il rifiuto in modo più sereno e naturale, comprendendone la ragione.

I no, allora, non verranno recepiti come un rifiuto assoluto, ma come parte di un percorso educativo chiaro e coerente e il bambino imparerà a rispettarli con maggiore consapevolezza, sentendosi comunque ascoltato e guidato con amore.

## *Perché non riesci a dire «no» a tuo figlio?*

Se permettessi a tuo figlio di accedere subito a tutto che desidera, si illuderebbe che tutto è lecito, che tutto è concesso, che può avere ogni cosa. Come farebbe, allora, a fare i conti con le inevitabili frustrazioni che incontrerà in futuro, come vivrebbe la relazioni con gli altri e con se stesso?

Siamo sicuri che in questo modo faremmo il suo bene?

La mamma che non riesce a dire alla figlia di cinque anni che non deve correre urlando per il ristorante e un papà che non interrompe il figlio di dodici anni che continua a usare il suo smartphone anche a tavola non raccontano di figli viziati o maleducati, ma piuttosto di genitori in affanno, spaventati nel gestire un semplice «no». Questi genitori faticano a trovare la propria posizione di adulti, si sentono confusi.

Dobbiamo prenderne atto: se fai fare a tuo figlio ciò che vuole, non gli stai dando libertà ma come genitore stai rinunciando, stai dicendo di «no» al tuo ruolo educativo.

È vero, dire «no» significa rischiare di entrare in contrasto con i figli e questo potrebbe metterli e metterti in crisi. Presumo ti sia capitato che, di fronte a un no, tua figlia, tuo figlio abbia avuto da ridire. Immagino la tua risposta perché – non stupirti – capita a tutti.

Ma devi sapere che il problema non è avere idee differenti, il problema non è entrare in rotta di collisione, il problema non è scontrarsi... il problema è proprio il contrario!

UNA COSA È CERTA: LITIGARE, SCONTRARSI FA PARTE DELLA RELAZIONE CON I FIGLI.

Litigare aiuta a conoscersi, a esprimersi, a costruire. Il conflitto, se gestito in modo rispettoso, è una leva fondamentale per far crescere ogni relazione perché permette di confrontare le proprie idee con quelle altrui, si impara a negoziare, a condividere emozioni e sguardi differenti, promuovendo così il rispetto reciproco. Non litigare, al contrario, potrebbe essere il segno di qualcosa che non funziona. Le relazioni sono fatte anche di momenti di confronto, di scontro, ed è proprio nell'alterità di certi pensieri e certe posizioni che ci si arricchisce. Quello che è importante è accettare una visione diversa dalla nostra, in modo da trasformare il conflitto in momento di incontro. In particolare, soprattutto in certi momenti della crescita, per esempio nell'adolescenza, ci saranno dei «no» che potranno essere vissuti da nostro figlio come un freno alla sua libertà, generando attriti profondi. E sarà proprio la nostra reazione a fare la differenza. È importante insegnare che i membri di una famiglia possono essere in disaccordo e che i litigi, se gestiti nel modo giusto, contribuiscono a rafforzare i rapporti. Ci si vuole bene non solo nell'incontro, ma anche nello scontro. Affinché il conflitto diventi un'occasione generativa di pensieri, condivisioni e strategie per il futuro, è necessario affrontarlo con equilibrio e rispetto reciproco.

Per questo è fondamentale una comunicazione aperta e non giudicante, in grado di trasmettere ai nostri figli il senso della realtà e il valore dei limiti.

E, allora, alla bambina che scorrazza in maniera inopportuna per il locale, la mamma dovrebbe semplicemente dire: «No, questo non puoi farlo, al ristorante siamo venuti per mangiare, più tardi faremo un po' di corse fuori...», mentre per il ragazzino che usa lo smartphone a tavola basterebbe: «No, questo non è il momento...», sempre con un tono accogliente e non sfidante.

ABBIAMO COMPRESO CHE IL «NO» È PARTE INTEGRANTE DELL'AMORE CHE CI LEGA AI NOSTRI FIGLI, NON IL CONTRARIO. Il conflitto, dunque, è necessario e sano, ci fa comprendere che le dinamiche educative sono corrette.

## *Il giusto equilibrio tra i «no» e i «sì»*

Sembra un paradosso, ma il «no» dà un grande senso di libertà. Partiamo da qui. Perché libertà non vuole dire assenza di regole, anzi, al contrario, vuol dire avere la possibilità di scegliere, di essere autonomi, all'interno di un ambiente che presenta rassicuranti confini e in cui vige il rispetto per gli altri. E un bambino, come insegna Maria Montessori, non si sente libero quando può fare quello che vuole, in senso assoluto, bensì quando conosce i limiti entro cui agire, quando ha parametri di riferimento sicuri: «La libertà e la disciplina sono due facce della stessa medaglia: non può esserci l'una senza l'altra». Solo così aiutiamo i nostri figli a diventare adulti consapevoli e responsabili. Di contro, l'assenza di confini può creare un senso di «onnipotenza» e una percezione errata di se stessi e del mondo intorno, con gravi ripercussioni sulle relazioni future: quando pensano che è tutto lecito, quando sono «liberi», si sentono disorientati, confusi, addirittura percepiscono un'assenza genitoriale, ovvero un'assenza educativa.

MA NON PUÒ ESSERE TUTTO «NO», ALTRIMENTI DIVENTA CONTROPRODUCENTE COME DIRE SEMPRE «SÌ». I bambini hanno bisogno di sperimentare, di esplorare e di sbagliare per conoscere il mondo; dunque esagerare con norme o divieti non li aiuta nello sviluppo e nella crescita, anzi, diventa un freno alla curiosità e alla voglia di scoperta. Per esempio, un bambino piccolo ha bisogno di sporcarsi e di pasticciare, di mettere i piedi in una pozzanghera oppure di impiastricciarsi la faccia cercando di mangiare da solo. Attenzione quindi a non eccedere con i «no»: il rischio è quello di finire per soffocare esperienze necessarie per i nostri figli.

♦ *Luigi si rivolgeva al figlio Ernesto, tre anni, quasi sempre per ribadire cosa non poteva fare: «No, non toccare il cane perché morde, non correre che sudi...». Il bambino, crescendo, inizia ad accusare quest'educazione estremamente restrittiva fino ad avere timore e a sentirsi limitato nelle sue azioni.*

L'infanzia è spesso disseminata di divieti: «Non muoverti, non urlare, non sporcarti...» e così via. Se ogni tanto sono ammessi, in maniera reiterata diventano soffocanti. Un approccio genitoriale così direttivo potrà indurre, alla fine, il figlio a adottarlo a sua volta. Allora come trovare un equilibrio? Al papà di Ernesto mi sento di dire che i «no» devono esserci, ma molti, per essere meglio espressi, necessitano anche dei «sì». Perché i «sì» orientano a capire cosa è lecito fare.

Mi spiego meglio: il «no» traccia in maniera insindacabile il confine, il limite, ma non aiuta a capire cosa si può fare nello specifico. Allora, per esempio, potremmo dire: «No, non puoi giocare a palla in casa, perché si rischia di rompere qualcosa, perché si può dare fastidio ai vicini...», e subito dopo aggiungere: «Sì, puoi giocare a palla al parco sotto casa, nel cortile del tuo amico Michele...». Quindi, è vero che il «no» chiarisce bene la regola – «in casa non si può giocare a palla!» –, ma non fa capire cos'altro di potrebbe fare; invece, la frase «sì, puoi giocare a palla al parco...» offre anche l'alternativa. Solo in questo modo i divieti assumeranno un valore autentico e saranno efficaci.

♦ *Mattia, quattordici anni, con l'inizio dell'adolescenza esprime tutta la rabbia che ha sottaciuto per anni di fronte a un'educazione genitoriale punitiva e restrittiva.*

Quando il ragazzino è esploso con rabbia, urlando: «A voi non è mai fregato niente di me, siete stati concentrati solo su voi stessi e siete stati capaci di dirmi solo "no"», i genitori hanno deciso di farsi aiutare. Spesso non ci rendiamo conto di quanto dolore possiamo causare: davanti a frasi forti come quella di Mattia, magari ci soffermiamo su cosa abbiamo detto o fatto e non vediamo niente di sbagliato, ma è qui l'errore! Dobbiamo smettere di guardare troppo noi stessi, di interrogarci su cosa e come abbiamo fatto, piuttosto iniziamo a osservare i nostri figli. Chiediamoci come sta nostra figlia, come sta nostro figlio. Teniamo lo sguardo su ciò che pensano e provano. Solo così possiamo capirli davvero. Solo così possiamo veramente essere guida per il loro percorso di crescita. I genitori di Mattia hanno compreso che i «no» vanno dosati, meditati, per non rischiare di soffocare le esigenze del figlio e portarlo a nutrire risentimento, e che devono essere dei «no» necessari, coerenti, non basati sull'umore, sulla sensazione del momento. Come scrive Thomas Gordon: «I genitori che trovano inaccettabile molto di quanto i figli fanno o dicono alimenteranno inevitabilmente in questi ragazzi la profonda sensazione di non essere persone accettabili. I genitori che, invece, accettano la maggior parte di ciò che i figli fanno o dicono li renderanno più inclini a sentirsi persone accettabili».

## *Partire dalle regole: poche, chiare e coerenti*

Dunque, attraverso i «no» e i «sì» educhiamo, proteggiamo e rendiamo autonomi i nostri figli. Ma come delimitare ciò che è possibile fare rispetto a ciò che non lo è? Come dare valore ai «no» e ai «sì»? Qui ci vengono in aiuto le regole. Anche nel mondo degli adulti le regole hanno un ruolo fondamentale, ne facciamo un uso quotidiano: quando guidiamo, quando siamo in ufficio, quando pratichiamo uno sport. Servono a creare ordine e armonia tra le persone. È lo stesso per i nostri figli: anche se non sono in grado di apprezzarle subito, senza le regole si sentirebbero confusi, insicuri.

Le regole stabiliscono gli spazi, creano ordine e generano armonia nelle relazioni. Non si limitano a imporre restrizioni: al contrario, indicano le opportunità e le possibilità di azione. Le regole hanno valore di prevenzione rispetto a certi comportamenti e, quindi, offrono al bambino un ambiente sicuro e stabile in cui può crescere serenamente, sapendo di poter contare su punti di riferimento chiari. Solo un figlio che avrà interiorizzato le regole potrà diventare autonomo e responsabile. Sappiamo bene, però, che spesso vengono percepite solo come imposizioni, come espressione di severità. E non è quello che vogliamo! Dunque trasmettiamo le regole con calore e affetto, proponendole come parte naturale del vissuto quotidiano della famiglia.

♦ *Assunta racconta che sua figlia Lucilla, sette anni, non l'ascolta mai, non vuole fare i compiti, lascia la sua camera perennemente in disordine e lei deve per forza ricorrere a urla e punizioni. Ogni volta deve intervenire, altrimenti Lucilla non fa nulla, non inizia nemmeno i compiti e lei si sente sempre più sconfortata.*

Lucilla aveva preso ad attivarsi solo quando sentiva «pressanti» i due segnali «urla e punizioni» e questo non l'aiutava ci certo a COMPRENDERE COME AGIRE IN AUTONOMIA, il suo agito era sempre dipendente dall'intervento dell'adulto e questo non la stimolava a FAR LEVA SUL SUO SENSO DI RESPONSABILITÀ.

Capita che i figli smettano del tutto di attivarsi anche perché vedono il genitore in difficoltà e questo mina la nostra autorevolezza ai loro occhi.

Se vogliamo essere credibili e far sì che si attivino con impegno e responsabilità, dobbiamo cambiare approccio. Dobbiamo sostituire le urla con il dialogo e ogni tanto IMPARARE A FARE UN PASSO INDIETRO, accettando che non possiamo avere tutto sotto controllo.

«Mollare» serve, ogni tanto!

Vediamo, dunque, come costruire le regole e come farle funzionare.

Innanzitutto, devono essere poche, chiare, significative e coerenti. Stabiliamo, quindi, solo regole che riteniamo importanti per la crescita e la formazione dei nostri figli e facciamo in modo che siano esplicitate in maniera da poter essere recepite bene, in base all'età e alle specificità di ognuno, perché comprendendone la ragione le rispettino più facilmente.

Le regole devono trasmettere un valore e valere sempre e per tutti i componenti della famiglia, devono essere frutto di dialogo, di condivisione, non di imposizione. Con questo non voglio dire che debbano essere «validate» dai figli, le regole vengono stabilite dagli adulti ma poi vanno spiegate e condivise con i figli, anche attendendo il loro riscontro. Per esempio, dire: «Al pomeriggio inizierai a fare i compiti verso le 15.00 così poi potrai fare l'allenamento e avrai del tempo libero per te. Cosa ne pensi? Sei d'accordo che è meglio evitare di fare i compiti alla sera, dopo l'allenamento?», ecco, qui il loro rimando è prezioso, ma non significa delegare ai figli la decisione finale, bensì renderli partecipi, responsabilizzarli. E TENIAMO BEN PRESENTE CHE LA REGOLA NON PUÒ MAI ESSERE SEPARATA DAL CONCETTO DI VALORE. È il valore che attribuiamo alle cose a dare loro senso e significato.

È importante che le regole vengano inserite in maniera graduale nella vita dei figli sin da piccoli e, per essere percepite come tali, che siano costanti, mantenute nel tempo. Cioè necessitano di una certa abitudinarietà. La routine aiuta il bambino a percepire certe azioni come parte naturale della quotidianità e trasformarle così in una consuetudine: per esempio, se si stabilisce che a tavola non si guarda la tv, imparerà che durante i pasti la televisione rimane spenta. Questo vale soprattutto per i più piccoli, che traggono beneficio da regole chiare e costanti. Ma è anche vero che ci possono essere le eccezioni, come l'occasione di guardare un film assieme all'ora di cena: in tal caso, dobbiamo informare bene che si tratta di eccezioni, di momenti speciali. Poi bisogna ritornare alla regola. E in tutto questo il genitore deve essere di esempio, perché i figli imparano guardando noi, per loro siamo modelli da imitare: allora, nel caso di figli adolescenti, se si stabilisce che lo smartphone si tiene lontano da tavola, perché quello è un momento di comunicazione tra genitori e figli, è chiaro che noi dobbiamo essere i primi a farlo e deve essere sempre così. E se ci sono delle esigenze particolari vanno preventivamente e opportunamente motivate: per esempio, «Questa sera tengo il telefono a tavola, perché sto aspettando una chiamata importante», quindi è vero che non rispetto la regola ma è altrettanto vero che c'è per questo una spiegazione valida. Ne va della nostra credibilità e autorevolezza! LE REGOLE NON SI APPRENDONO PER IMPOSIZIONE, BENSÌ PER IMITAZIONE. L'ESEMPIO È PIÙ POTENTE DI MILLE PAROLE!

## *Regole e buone abitudini*

Educare alla collaborazione in famiglia e ad assumersi dei compiti fin da piccoli è fondamentale per la crescita.

Fin dai tre anni, i bambini possono cominciare ad apprendere insegnamenti riguardanti l'igiene personale: per esempio, acquisire l'abitudine di lavarsi i denti dopo i pasti e prima di andare a dormire, dare una mano ad apparecchiare, portando i tovaglioli o sistemando le tovagliette a tavola; con il tempo, possono imparare a sparecchiare e a riordinare dopo i pasti.

In età prescolare, fino ai cinque anni, chiediamo al bambino di riporre i giochi dopo averli utilizzati, magari all'inizio supportiamolo in questo compito, nel tempo imparerà a farlo da solo e acquisirà l'abitudine di riordinare la cameretta da solo. Allo stesso modo, quando comincia ad andare a scuola, va guidato nella preparazione dello zaino, per esempio.

Altrettanto importante penso sia educare i nostri figli a gestire la raccolta differenziata: insegniamo loro dove gettare la carta, l'umido e gli altri rifiuti, li aiuteremo a sviluppare un senso di rispetto per l'ambiente e per il mondo che li circonda.

E per i più grandi, dai nove anni in su? In questo caso è bene gradualmente aumentare le responsabilità. Quindi chiediamo anche di mantenere in ordine la stanza, rifare il letto, riporre i vestiti sporchi nel cesto e aiutare in casa. In questa fase possiamo anche pensare di introdurre una paghetta (che non funga però da ricompensa per i loro doveri, attenzione!), dando così indicazioni sulla corretta amministrazione del denaro.

Con la crescita, tra gli undici e i tredici anni, è fondamentale educare i ragazzi a gestire in maniera autonoma il momento dei compiti, stabilendo orari e tempi per lo studio, oltre a coinvolgerli in attività utili in casa come, per esempio, lavare i piatti, apparecchiare e sparecchiare.

In tutto ciò, la pazienza è una qualità indispensabile per i genitori. Se il bambino dimentica di fare il letto al mattino, invece di rimproverarlo frettolosamente prima di andare a scuola, rimanda il promemoria a un momento più tranquillo, nel pomeriggio, suggerendogli magari di svegliarsi qualche minuto prima per mantenere l'abitudine. In questo modo, non creiamo tensione e aiutiamo il bambino a interiorizzare la regola con serenità.

E, poi, per consolidare le buone abitudini e rendere naturale il rispetto delle regole, oltre alla pazienza, è essenziale il «rinforzo positivo». Quindi, riconosci il valore dell'impegno di tuo figlio, magari con un apprezzamento specifico, come per esempio: «Mi piace il tuo senso di responsabilità nell'aver sparecchiato senza che te lo ricordassi». Questo riconoscimento non deve essere eccessivo, per non perdere di efficacia, ma mirato, nei momenti di apprendimento di nuove regole. Il rinforzo positivo deve focalizzarsi sul comportamento, sull'impegno, e non sul bambino stesso altrimenti si rischia di unire il valore della persona ai risultati conseguiti, generando così la ricerca continua di approvazione e ansia da performance.

Ora vi starete chiedendo: ma come possiamo fare a ricordare ai figli le regole? Con i bambini fino ai dieci anni possiamo ricorrere a un approccio semplice e immediato: con I CARTELLONI! Proprio come facevo nel programma *Sos Tata*. Scriviamo insieme le regole, su un cartoncino in modo chiaro e «positivo»: quindi evitiamo frasi che iniziano con «non fare questo... non fare quello», diamo invece indicazioni su CIÒ CHE SI PUÒ O SI DEVE FARE. Per esempio, non scriviamo: «Non si urla quando si discute», ma diciamolo meglio così: «Parliamo con calma quando discutiamo». Quindi posizioniamo il «cartellone delle regole della famiglia» in un punto ben visibile della casa, come la cucina, il corridoio o vicino al calendario: aiuterà tutti a ricordarle con facilità. È una tecnica visiva semplice e coinvolgente!

Per stare meglio in famiglia con i nostri bambini più piccoli ecco alcuni esempi di regole che potremmo mettere sui cartelloni: «TUTTI A LAVARE I DENTI DOPO MANGIATO! Per un sorriso pulito e profumato!», «APPARECCHIAMO E SPARECCHIAMO A TURNO! La tavola è di tutti, diamo una mano!», «ASCOLTIAMO GLI ALTRI CON ATTENZIONE!», «METTIAMO I GIOCHI AL LORO POSTO, DOPO AVER GIOCATO. La stanza così è in ordine, pronta per il prossimo gioco!». E così via, per i compiti, lo zaino da preparare per la scuola, gli orari per la tv e per i videogiochi.

Attraverso le regole, il bambino imparerà gradualmente a essere più consapevole, acquisendo competenze fondamentali per la crescita e per il suo futuro. Comprenderà che tutti contribuiscono per il bene della comune e che ogni membro della famiglia ha un compito preciso, adatto alle proprie capacità ed età, basato sulle sue caratteristiche e anche le sue eventuali fragilità: si sentirà così valorizzato e parte di un sistema armonioso, in un ambiente sereno e collaborativo. E tutto questo sarà essenziale per la vita fuori dalla famiglia, a scuola, nei gruppi, nella società. Nel suo futuro porterà il senso del rispetto e l'importanza della cooperazione.

## *I «no» della crescita*

Abbiamo dunque compreso che, in un sistema di REGOLE CHIARE E CONDIVISE, non dobbiamo avere paura a dire «no». Quello che invece dobbiamo tenere sempre presente è che i nostri «no» devono adattarsi alle diverse fasi della crescita di una figlia, di un figlio.

Nella prima infanzia, da zero a tre anni, i divieti riguardano essenzialmente la sicurezza del bambino e hanno l'obiettivo di proteggerlo dai pericoli nel quotidiano, nel suo entrare in contatto con l'ambiente (oggetti taglienti o pesanti, prese elettriche, eccetera): in questa fase dobbiamo essere chiari e diretti, non sono necessari grandi approfondimenti.

Dai tre ai sei anni (seconda infanzia), bisogna arginare le energie dirompenti del bambino per aiutarlo a comprendere limiti e confini, qui entrano in campo le prime regole: si tratta di «no» che possono risultare ostici, frustranti, ma sono utili per il suo sviluppo, per acquisire risorse e competenze, per scoprire i propri limiti e i propri punti di forza.

Il periodo tra i sei e gli undici anni (età scolare che precede l'adolescenza) è quello in cui le regole devono essere un faro per orientarsi: i nostri «no», quindi, definiscono gli spazi di libertà e devono essere più complessi, articolati, ben spiegati.

Nell'adolescenza, dai dodici anni, delicata e importantissima fase di crescita, è necessario sviluppare ancora di più il dialogo: in un'età in cui tutto viene messo in discussione... a partire dai genitori, i «no» richiedono coraggio, sono difficili quanto imprescindibili. Diciamocelo chiaro, sono i «no» più faticosi da far rispettare, perché i figli li percepiscono come un freno alla loro libertà e rispondono sfidandoci. Diventa perciò necessario tenere aperto il confronto anche nei momenti conflittuali, senza giudicare i loro pensieri, le loro emozioni.

Una cosa è certa: non dobbiamo partire dal presupposto che, essendo noi i genitori, i figli non abbiano alcuna voce in capitolo su determinate scelte, perché altrimenti ci perdiamo un'occasione preziosa che è quella di creare un rapporto autentico e profondo. I FIGLI CHE SI SENTONO COINVOLTI SI APRONO CON PIÙ FACILITÀ AI GENITORI, NON RICORRONO A SOTTERFUGI, SI MANIFESTANO CON PIÙ AUTENTICITÀ. Solo così potremo rendere fecondo anche lo scontro: ragionando insieme, negoziando lo scambio e cercando di gestire in maniera equilibrata il confronto senza calare la nostra volontà di adulti dall'alto. Anche in questo momento della vita i «no», dati in maniera ragionata, non allontanano, al contrario rafforzano il legame tra genitore e figlio.

Ripensando a certi «no» vissuti da figlia – pochi e calibrati nel tempo – mi rendo conto che oggi sono per me dei chiari punti di riferimento. Ed è anche attraverso quei «no» – di cui oggi riconosco il valore, pari a quello dei «sì» – che i miei genitori mi dimostravano di esserci e di amarmi. Ed è proprio in quell'equilibrio TRA I «SÌ» E I «NO» che ritrovo il senso della mia genitorialità, fatta di dolcezza e fermezza.

Ricordo ancora perfettamente un «no» di mio padre, quando ero piccola, rispetto al muovermi nel mio quartiere in bicicletta: potevo arrivare fino a un certo punto, oltre cui il suo «no» risuonava fermo e netto. Un palo in qualche modo delimitava il confine, da lì in avanti si apriva una strada che poteva essere pericolosa. Ecco, io arrivavo sempre fino a lì, e sapere che c'era quel limite che mi proteggeva mi faceva stare bene, mi sentivo come in una sorta di guscio in cui mi potevo muovere e fare mille cose. Sembra paradossale ma quel palo ha rappresentato allo stesso tempo libertà e confine. C'era il divieto di non andare oltre perché poteva essere pericoloso e mio padre me lo aveva spiegato in maniera chiara, facendomi vedere che lì passavano le macchine a velocità sostenuta e che poteva essere pericoloso, perché ero piccola e per tutta una serie di cose. Ma mi aveva pure spiegato che c'erano tantissime altre viuzze nel mio quartiere dove io potevo tranquillamente scorrazzare in bicicletta: quello era il mio spazio protetto. Ripensando a tutto questo, quello spazio così delimitato mi appare come uno spazio di sperimentazione in cui mi sentivo libera, e quel punto di riferimento mi faceva stare bene. E poi mi diceva qualcosa di speciale: che mio padre c'era, che mi amava, anche attraverso i «no». E io lo sentivo forte, eccome se lo sentivo!

Questa modalità di trasmettere il «no» credo sia stata davvero un toccasana per la mia crescita, per la definizione della mia identità. Ecco che il «no» diventa un valore. E il bambino lo percepisce subito. Come fu per me allora. Fatelo anche voi, ripensate a cosa tenete stretto della vostra infanzia, quali insegnamenti sono stati per voi preziosi per diventare ciò che siete oggi.

Poi, nella fase adolescenziale, le ragazze e i ragazzi sperimentano un grande desiderio di indipendenza, per cui – teniamolo ben presente – o ribattono alle nostre richieste o le «accettano» solo in apparenza e solo per evitare discussioni, ma di fatto PUÒ CAPITARE CHE LE TRASGREDISCANO. Non è così? Pensiamo a un esempio classico, in cui sicuramente molti di voi si ritrovano: l'imposizione del divieto di andare in motorino con gli amici. Sappiamo già che si tratta di un divieto non sempre ben tollerato e che potrebbe essere accolto a parole ma, subito dopo, violato nei fatti, facendo l'opposto. Allora è fondamentale spiegare bene il perché di una regola, PORTANDO DEGLI ESEMPI CONCRETI SUL PERCHÉ «NO». Solo così il figlio, AIUTATO NELLA RIFLESSIONE, PUÒ CAPIRNE IL SENSO, riconoscerne il valore e, con il tempo, trasformarlo in un vero e proprio «limite interiore» per affrontare autonomamente situazioni future. Se tua figlia o tuo figlio afferma con una certa convinzione «Va bene, ho capito cosa intendi dirmi», probabilmente sta compiendo un passo significativo verso il senso di responsabilità.

♦ *Marco, quindici anni, vuole partecipare a una festa speciale con gli amici e vorrebbe rientrare a casa all'una di notte, ma i genitori gli dicono di «no» e che il rientro deve essere per le 22.30 come in altre occasioni. Il ragazzo si arrabbia moltissimo e iniziano i musi lunghi.*

Si tratta di una situazione che mette a dura prova i genitori, costretti a trattative estenuanti con i figli adolescenti. Cosa fare? Intanto lasciamo che esprimano i loro desideri. Affrontiamo, quindi, le loro richieste senza fare braccio di ferro. Ci sarà capitato di dire «È NO, PERCHÉ LO DECIDO IO! Io sono il genitore e tu il figlio!», può essere legittimo farlo ma è controproducente perché trasforma il conflitto in una sfida di potere. Tornando alla storia, in questo modo Marco non si sentirà davvero ascoltato. Vi voglio dire, invece, cosa ha funzionato in questa vicenda: i genitori hanno lasciato che il figlio spiegasse le sue esigenze e le sue ragioni per stare fuori fino a tardi, hanno ascoltato senza interromperlo, quindi hanno spiegato il motivo del loro «no» rispetto a un rientro così tardivo e, alla fine, hanno convenuto che essendo quella un'occasione eccezionale si poteva prevedere un rientro differente (per mezzanotte) ma senza che questa eccezione divenisse la regola. Hanno spiegato che il limite di orario è necessario per garantire la sua sicurezza, per renderlo responsabile e hanno stabilito che sarebbe stati loro stessi ad andare a riprenderlo a mezzanotte, chiarendo così le condizioni della deroga alla regola. Allora, direte voi, i genitori di Marco hanno ceduto? Assolutamente no, hanno costruito! Hanno dialogato e hanno negoziato. Questo non vuol dire cedere, bensì gettare le basi per un rapporto più autentico e profondo. È stato molto importante dialogare con calma, senza alzare i toni, senza minacciare. Il ragazzo ha compreso la situazione e ha imparato a fare richieste più consapevoli. Questo ha rafforzato la reciproca fiducia e ha reso evidente il valore della libertà unita alla responsabilità.

## *Non rispetta le regole. Che fare?*

Le regole rappresentano, quindi, la base sicura. Ma a volte, nonostante siano state spiegate in modo chiaro, nostro figlio fatica comunque a rispettarle.

In questi casi, dobbiamo affrontare la situazione con fermezza, ma sempre con dolcezza, cercando di comprendere le motivazioni della trasgressione e aiutandolo a cogliere il significato della regola stessa affinché questa venga accettata. Le figlie e i figli che disattendono le regole, nella maggior parte dei casi, è perché non hanno compreso il valore oppure perché imposte senza una reale motivazione. «Ho detto che si fa così e basta!» non è per nulla un buon modo per trasmettere delle regole e non aiuta il bambino a crescere aperto, capace di manifestare pensieri ed emozioni.

Il rischio è che arrivi all'adolescenza, quando opporsi ai genitori è quasi fisiologico, con un carico emotivo pieno di risentimento. Potremmo trovarci, allora, davanti a un figlio che risponde alzando muri, chiudendosi a ogni confronto, manifestando infine difficoltà relazionali o pericolose forme di disagio.

È fondamentale, di fronte a una regola disattesa, evitare di rispondere in maniera impulsiva, evitare di dare il cattivo esempio con reazioni scomposte ed evitare punizioni casuali. E a dirla tutta PUNIRE NON È MAI UN METODO EFFICACE PER EDUCARE, ANZI PUÒ GENERARE PAURA, RABBIA E

RISENTIMENTO NEL FIGLIO, compromettendo la relazione con il genitore. E nello specifico sono del tutto contraria alle punizioni fisiche: uno studio condotto dall'American Psychological Association ha evidenziato come le punizioni fisiche siano associate a un aumento di comportamenti aggressivi nei bambini, oltre a sviluppare possibili problemi emotivi e relazionali nel lungo periodo; secondo la Harvard University Center on the Developing Child, le esperienze negative legate alle punizioni possono addirittura alterare lo sviluppo del cervello infantile, aumentando il livello di stress e compromettendo la capacità del bambino di autoregolarsi e di sviluppare empatia. Anche alzare la voce non darà risultati positivi: vedere il genitore che urla, porterà il bambino non tanto a preoccuparsi dell'errore commesso ma piuttosto a spaventarsi all'idea di averlo «deluso» e a temere di perdere il suo amore. Quello che dobbiamo fare, allora, è richiamare nostro figlio, facendogli capire che tutto ciò che facciamo o non facciamo ha delle conseguenze. Per esempio, di fronte alla riluttanza a sistemare la propria camera, potremmo dirgli: «Se non metti in ordine, rischi di non riuscire a trovare più i tuoi giochi preferiti o la maglietta che ti piace tanto». O, ancora, se è svogliato nello studio: «Se non fai i compiti, puoi perdere dei passaggi importanti e poi non riesci a seguire bene le lezioni». E così via, potrei farne tantissimi di esempi.

Subito dopo è importante fare delle riflessioni: chiediamoci perché nostro figlio ha trasgredito. I bambini, per esempio, spesso infrangono le regole non per disobbedire, ma semplicemente per vedere cosa accade, oppure per attirare l'attenzione se si sentono trascurati o ignorati. Crescendo lo fanno per affermare la propria indipendenza. Chiedere a nostro figlio di spiegare perché ha infranto la regola è fondamentale per comprendere le sue motivazioni, per capire meglio il suo comportamento e allo stesso tempo portarlo a riflettere. Dobbiamo inoltre chiederci se la regola era stata espressa in maniera chiara, se era adatta all'età e alle capacità di nostro figlio: a volte regole poco chiare o applicate in modo incoerente disorientano o non vengono prese sul serio. Magari ripetiamo la regola violata con parole semplici che aiutino a comprenderne l'importanza e offriamo indicazioni pratiche, guidandolo passo dopo passo; ragioniamo anche sulla possibilità che la regola vada rivista, adattata, tenendo conto di situazioni nuove anche in base alla crescita. Apriamo, quindi, un confronto, trasformiamo il momento di difficoltà in un momento costruttivo. Infine, non dimentichiamo anche di dare valore ai progressi di nostro figlio, incoraggiamolo e facciamolo sentire capace di migliorare, anche quando sbaglia o inciampa lungo il percorso.

## *11 motivi per dire «no»*

Abbiamo visto che un atteggiamento autoritario è dannoso quanto quello permissivo e in entrambi i casi non si assolve al compito fondamentale dei genitori, ossia essere punto di riferimento e guida per i figli. L'eccessiva rigidità soffoca il mondo emotivo del bambino, genera insicurezza; lasciarlo troppo a se stesso, permettendogli tutto o quasi, invece, appare come libertà, ma in assenza di regole e confini, lo farà sentire anche affettivamente solo. E, allora, impegniamoci ad ascoltare i nostri figli, a comprenderli, a non giudicarli, ma anche a essere per loro modelli autorevoli, con dolcezza e fermezza, come mi piace sottolineare sempre.

Allora, in sintesi, perché è così importante dire di «no»?

1. Perché il «no» insegna a un figlio a diventare autonomo, responsabile e libero.
2. Insegna il valore dei «sì».
3. Insegna il valore dell'attesa.
4. Insegna a gestire la frustrazione.
5. Insegna ad acquisire delle regole e a sentirne il bisogno.
6. Insegna a rispettare i limiti.
7. Insegna a non superare i confini.
8. Insegna a rispettare se stessi.
9. Insegna a rispettare l'altro.
10. Insegna il valore delle scelte.
11. INSEGNA AD AMARE!

**ORA TOCCA A TE**

Riesci a dire «no» a tuo figlio quando serve? Riesci a bilanciare i «no» con i «sì»? Se fai fatica, prova a creare il diario «No & Sì»: per esempio, annota il «no», la reazione di tua figlia o di tuo figlio, la frase che hai usato per motivare il «no»; annota i «sì», le cose concesse; e infine rifletti se i «no» e i «sì» sono bilanciati e ben motivati. Per quindici giorni, ogni volta che dici un «sì» o un «no» a tua figlia, a tuo figlio, scrivilo su un biglietto e inseriscilo in un barattolo. Per esempio scrivi: «Sì, puoi uscire con gli amici»; oppure «No, non puoi usare il telefono oltre al tempo pattuito». Al termine dei quindici giorni controlla per riflettere sull'equilibrio tra «sì» e «no».

# 5

# Tuo figlio non ti ascolta? Ecco come comunicare in maniera efficace

Le tue parole di genitore hanno un peso: ciò che diciamo ai nostri figli diventerà la loro voce interiore, il dialogo silenzioso che li accompagnerà per tutta la vita. Dobbiamo quindi prestare attenzione, perché potrà fare la differenza nel nostro rapporto con loro e nella loro vita futura! Evitiamo imperativi, giudizi, etichette. Utilizziamo, invece, un linguaggio positivo e autentico per favorire l'autostima e l'equilibrio emotivo.

A volte – fateci caso – quasi senza accorgercene usiamo con i nostri figli espressioni e frasi secche, imperative: «Fai questo», «Lascia stare quello», «Muoviti...» e così via. Ma in questo modo non entriamo in sintonia con loro, non mostriamo rispetto ed empatia, anzi creiamo distanza. Amarli e desiderare per loro il meglio non basta per una comunicazione che riesca davvero a trasmettere loro quello che stiamo pensando, quello che vogliamo da loro. Le parole e il tono che scegliamo si riflettono in maniera profonda su di loro, facendoli sentire insicuri, frustrati oppure, al contrario, sereni, sicuri e accolti.

Se dici a tuo figlio: «Sei un fannullone», lui potrebbe recepire l'idea di essere un incapace, di essere «sbagliato»... Se, invece, limiti l'appunto a un preciso comportamento e a un preciso momento dicendo: «Vedo che oggi stai facendo fatica a portare a termine i compiti», in questo caso non stai giudicando la sua persona, ma stai evidenziando una difficoltà legata a una circostanza specifica, lasciando poi intendere che non è sempre così o quantomeno che ci può lavorare. Tuo figlio, in questo caso, non si sentirà mortificato, amareggiato ma percepirà chiaramente l'aspetto comportamentale su cui deve lavorare. E, se il tuo approccio sarà empatico, sarà spinto ad affrontare il cambiamento con più motivazione. La fiducia che trasmetti con le parole può davvero innescare rivoluzioni pazzesche!

Ricordo ancora un bambino che conobbi tanti anni fa nel mio percorso professionale; in realtà potrei fare mille esempi, ma quella situazione era davvero molto attenzionata, perché il bambino era in grande fatica. È stato un percorso sfidante, in cui all'inizio ho tentato di capire cosa stesse vivendo e cosa lo attraversasse. Di solito mi muovo cercando di conoscere il bambino allontanando ogni forma di giudizio, individuando i suoi punti di forza, quelle risorse che spesso sfuggono anche perché è difficile vederle e leggerle. In questo caso ho lavorato, quindi, sull'instaurare con lui un rapporto di fiducia, ma la grande differenza l'ha fatta aver curato le parole, accompagnandole con gesti autentici. Il segreto che sta alla base di ogni relazione con le bambine e i bambini è volere loro bene e volere il loro bene. Sembra banale ma nei momenti di fragilità, quando noi insegnanti ci troviamo di fronte a situazioni che paiono impossibili, la cosa importante è dimostrare a queste meravigliose creature che ci teniamo a loro, che la loro presenza è preziosa, che i loro pensieri e le loro paure sono legittime. Le nuove parole che sentiranno sul loro conto sono vitali e sono in grado di rivoluzionare il loro percorso di crescita.

Le parole usate con attenzione hanno un potere terapeutico. Attraverso le parole possiamo quindi generare fiducia o, esattamente al contrario, destabilizzare.

LE TUE PAROLE FANNO ECO DENTRO I TUOI FIGLI, SEMPRE E COMUNQUE. Certe parole possono suscitare paura, insicurezza, scarsa autostima, sensi di colpa, senso di inadeguatezza. Non voglio puntare il dito contro i genitori, ma inviarvi un alert per prendere consapevolezza e per stimolarvi ad aggiustare il tiro quando ne percepite il bisogno. E quel momento potrebbe essere adesso.

A volte, ammettiamolo, pronunciamo frasi superficiali o frettolose, magari perché siamo di corsa o perché siamo arrabbiati. Ma possiamo cambiare rotta. Le parole possono diventare pietre, macigni, ma se usate con cura, invece, possono dare gratificazione, possono essere accolte in maniera costruttiva. Immaginiamole, allora, come mattoncini che rafforzano le fondamenta dell'edificio che è l'autostima e il senso di responsabilità dei nostri figli.

La comunicazione, quindi, è fondamentale per costruire un rapporto basato sulla fiducia e sulla comprensione, in cui ci sia spazio per un dialogo aperto e i figli si sentano liberi di esprimere emozioni, pensieri e bisogni senza paura di essere giudicati o incompresi. Tutto ciò è certamente impegnativo, perché chiede al genitore uno sforzo educativo, ma aiuta nel tempo a creare un legame autentico e profondo, a tutto vantaggio di un clima familiare positivo e sereno.

## *Per comunicare bene impariamo ad ascoltare e osservare*

Per comunicare in maniera efficace bisogna saper ascoltare e osservare in maniera altrettanto efficace. Ho sempre cercato di usare con cura questi due potentissimi strumenti educativi che tutti abbiamo in dotazione: ascolto e osservazione.

Strumenti potenti quanto pericolosi: sì, perché non bisogna cadere nell'errore di confonderli con atteggiamenti che potrebbero apparire «inquisitori», come finalizzati a «schedare» nostro figlio. Ascoltare e osservare, senza giudicare o indagare, sono mezzi preziosi per comprenderne i bisogni, le risorse e scoprire il suo talento.

All'inizio dei miei anni di insegnamento ho avuto la fortuna di lavorare con la dottoressa Angela Poeta, mia mentore, che mi sollecitava sempre a non perdere lo sguardo scevro da giudizi perché solo quel tipo di sguardo mi avrebbe facilitato nella scoperta autentica del bambino che avevo di fronte. È stato per me illuminante e ho sempre cercato di coltivare uno sguardo libero e rispettoso, consapevole che per incontrarli e conoscerli in maniera autentica bisogna lasciarsi sorprendere dall'universo di bellezza che ci trasmettono. Così le bambine e i bambini ci aprono ai loro spazi con fiducia, sentendosi capiti e accolti.

Ho insegnato per molti anni alla scuola «Montessori» di Bergamo, sono stati anni fecondi e stimolanti, in cui cogliendo l'arricchimento del metodo Montessori, ho iniziato a gettare le basi del mio approccio educativo dove sono proprio le bambine e i bambini stessi a guidarmi. Già, la nostra cartina di tornasole sono sempre loro: osservarli e ascoltarli, capire come stanno ci aiuta a renderci conto se siamo sulla strada giusta. Insegno da più di trent'anni e non c'è giorno in cui io esca da scuola senza aver imparato qualcosa di nuovo. Il vero segreto sta nel non smettere mai di imparare e continuare a farlo proprio grazie agli allievi stessi. Osserviamo i nostri figli, dunque, con amore, rispetto, con il desiderio sincero di conoscerli, di scoprire la loro unicità.

In tema di ascolto, in campo educativo, ci riferiamo a un «ascolto attivo». «Parlami, ti ascolto» deve essere l'approccio autentico a quanto nostro figlio ha da dirci. Questo, infatti, porta con sé in maniera implicita assenza di giudizio, attenzione, accettazione, cura, rispetto, comprensione, empatia; significa che lo lasciamo libero di essere ciò che lui è, col suo modo di ragionare, di sentire, di agire. È chiaro che i comportamenti sono un'altra cosa e che se non sono adeguati si interviene, ma dal punto di vista delle emozioni, dei pensieri, dei sentimenti l'approccio più funzionale è proprio quello di accogliere, di accettare. Si genera, così, un clima di fiducia che lo farà sentire libero di aprirsi e di condividere preoccupazioni, paure e anche sogni.

A volte diciamo che nostro figlio «non ci ascolta», ma riflettiamo bene a cosa ci riferiamo: davvero nostro figlio non ci sta ascoltando in quel momento, oppure spesso intendiamo dire che non è obbediente, che non fa ciò che gli chiediamo? In realtà magari ci ha ascoltato, ma se pare non rispondere alle nostre richieste noi automaticamente lo definiamo come «incapace di ascoltare». Proviamo, allora, a domandarci cosa c'è dietro al suo atteggiamento e perché sembra non ascoltarci. I motivi per cui un figlio non ascolta possono essere diversi. In realtà magari ha ascoltato benissimo ma non si comporta di conseguenza forse perché in quel momento sta facendo qualcosa per lui importante, oppure perché è l'ennesima richiesta che gli abbiamo fatto, oppure per esprimere la propria identità e mostrare autonomia. Nella fase della preadolescenza e dell'adolescenza tutto questo è ancora più evidente: i figli e le figlie crescono, si evolvono, cambiano e cambiamo anche noi con loro, nelle nostre richieste, nelle nostre esigenze: di conseguenza cambia proprio il nostro rapporto con loro e ci ritroviamo a dire: «Mio figlio ha smesso di ascoltarmi», oppure: «Non riconosco più mia figlia». In realtà, è un periodo particolare della crescita in cui il figlio sente la necessità di staccarsi dal genitore per affermare se stesso. Le figlie e i figli – bambini o adolescenti – non ascoltandoci in un certo qual modo si oppongono, sì è vero, a noi, ma questo può essere un segnale del loro percorso di crescita, mettendo al primo posto i propri pensieri, le proprie emozioni, ciò che desiderano. E allora, cosa può farci uscire da questa situazione di grande fatica? Che cosa funziona?

Funziona ascoltarli noi per primi, solo così nel tempo riusciranno ad ascoltarci; funziona l'ascolto attivo di cui abbiamo parlato prima.

Ascolta cosa ha da dirti tuo figlio, ascolta le sue ragioni, ascolta le sue emozioni. Ascolta in maniera profonda, autentica e accetta cosa ti sta dicendo con il cuore.

♦ *Oscar racconta che non riesce a comunicare con Matteo, suo figlio, di otto anni. Sostiene di spiegarsi in maniera chiara ma di non essere ascoltato. Gli ha ripetuto in mille modi che deve lasciare la pallavolo perché non è affatto portato e deve giocare a tennis, proprio come lui.*

Abbiamo detto che per comunicare bisogna come prima cosa ascoltare. Matteo ascolta, ma non reagisce perché è molto arrabbiato con suo padre, anche se non ha il coraggio di dirglielo, perché il genitore non accetta che lui abbia altre passioni. Questa imposizione sta facendo scricchiolare la relazione tra padre e figlio. Matteo sta dicendo che non gli importa se non eccelle, a lui piace giocare a pallavolo.

Il linguaggio della non accettazione, quindi del rifiuto, ostacola l'ascolto e crea di conseguenza un muro nella comunicazione.

Oscar dovrà provare a mettersi nei panni di Matteo e ascoltare veramente ciò che lui desidera, a prescindere dalle proprie convinzioni, se vuole instaurare un dialogo autentico e avere un figlio che si senta libero e felice.

Questo non vuol dire che noi genitori non possiamo far sperimentare a un figlio ciò che riteniamo interessante o arricchente per lui: può capitare che i figli nello sperimentare qualcosa di diverso da quello che avevano in mente scoprano passioni autentiche, ma credo sia importante non imporre le nostre scelte e saper trovare un compromesso con le loro è una forma di rispetto e amore.

A volte quando nostro figlio ci sta parlando commettiamo l'errore di non guardarlo negli occhi, oppure lo interrompiamo o trascuriamo di leggere le sue emozioni. Dobbiamo, invece, oltre le parole, fare attenzione a ciò che esprime con il tono della voce, lo sguardo, i gesti, quindi metterci nei suoi panni.

Proviamo a sintetizzare l'ascolto attivo in quattro semplici step da tenere presenti:

- In silenzio, ascoltiamo guardando nostro figlio negli occhi: questo gli dice che lo stiamo ascoltando davvero, che è importante quello che ci sta dicendo e lo rispettiamo.
- Con la postura accogliente, il sorriso e qualche bre-

ve accenno (per esempio, dicendo ogni tanto «Capisco») facciamogli capire che siamo coinvolti.

- Incoraggiamolo a raccontarci di più ponendogli qualche domanda («Cosa hai sentito? Vuoi spiegarmi meglio? Mi sembra di capire che tu ti senta...»); facciamogli percepire il nostro interesse verso il suo stato emotivo e la nostra assenza di giudizio.
- Proviamo poi a riformulare con parole nostre quanto abbiamo ascoltato per farlo sentire compreso, per aiutarlo a chiarire e trasmettere fiducia.

Non stiamo parlando, ovviamente, di una tecnica da applicare rigidamente, ma piuttosto di una disponibilità emotiva da coltivare con piccoli gesti quotidiani. OGNI TUO SGUARDO AMOREVOLE, OGNI TUO SILENZIO CHE ACCOGLIE, OGNI PAROLA DETTA CON CURA È UN MATTONE CHE CEMENTA LA FIDUCIA CON TUO FIGLIO! L'ascolto attivo potenzia la consapevolezza emotiva di tuo figlio, rafforza la fiducia e il vostro rapporto, favorisce un'apertura al dialogo e incoraggia all'autonomia e alla responsabilità.

Le ragazze e i ragazzi quando sono arrabbiati con i loro genitori è perché spesso e volentieri non si sentono ascoltati. Ed ESSERE ASCOLTATI FA SENTIRE SPECIALI. «Quando qualcuno ti ascolta davvero senza giudicarti, senza cercare di prendersi la responsabilità per te, senza cercare di plasmarti, ti senti tremendamente bene... È sorprendente il modo in cui problemi che sembravano insolubili diventano risolvibili quando qualcuno ti ascolta» sostiene Carl Rogers, e aggiunge: «Quando si viene ascoltati e intesi, situazioni confuse che sembravano irrimediabili si trasformano in ruscelli che scorrono relativamente limpidi». È proprio così. A maggior ragione nel caso di bambini e adolescenti.

## *Mai urlare... invece ridiamo insieme!*

♦ *Gabriele, otto anni, tornando a casa da scuola, butta lo zaino per terra e corre in camera sua urlando e sbattendo la porta. D'istinto la mamma reagisce con una certa durezza, alzando la voce: «SMETTILA! Ti sembra il modo di comportarti? Non puoi arrabbiarti!».*

Chiariamo subito che urlare non è comunicare. Se urli di continuo puoi innescare una serie di dinamiche dannose o nocive nella vostra comunicazione: il bambino penserà di essere sbagliato, si potrà spaventare e farà quello che dici solo per paura; imparerà a urlare a sua volta e dedurrà che non sei in grado di gestire i momenti di fatica. Così potrebbe perdere la fiducia e smettere di ascoltarti e di raccontarsi.

Se, invece, Gabriele si trovasse di fronte un genitore che prova ad avvicinarsi con empatia e senza giudizio, anzi con una certa preoccupazione – «Gabri, che succede? Vedo che sei molto arrabbiato, hai voglia di raccontarmi quello che senti?» – si sentirebbe accolto, sentirebbe che il genitore gli vuole offrire uno spazio sicuro per parlare, per esprimersi. E ciò non vuol dire giustificare quel comportamento – che, comunque, rimane sbagliato e bisognerà lavorarci –, ma significa dare valore alle emozioni che nostro figlio sta provando.

Certo, dobbiamo ammettere che ci può capitare di sentirci stanchi, frustrati e può sembrare che i nostri figli ci diano ascolto solo quando il nostro tono di voce cambia e il volume raggiunge certi decibel. Poi però, come mi raccontate voi genitori, le figlie e i figli si abituano alle nostre urla, e ben presto smettono di nuovo di ascoltare. È bene soffermarci a riflettere sul fatto che se questa modalità comunicativa non si limita a essere occasionale ma diventa parte integrante del nostro stile educativo allora iniziamo ad avere un problema, o meglio il problema inizieranno ad averlo le nostre figlie e i nostri figli. NOI URLIAMO NON PERCHÉ I NOSTRI FIGLI NON CI ASCOLTANO, MA PERCHÉ IN QUEL MOMENTO NON SIAMO IN GRADO DI GESTIRE LA FRUSTRAZIONE DEL NON ESSERE ASCOLTATI.

Una studio condotto dall'Università di Pittsburgh ha portato alla conclusione che urlare ai bambini piccoli e agli adolescenti è dannoso, produce in loro insicurezza e risentimento: di conseguenza, vedranno gli adulti come avversari, tenderanno ad assumere comportamenti aggressivi e impareranno a loro volta a urlare.

COMUNICARE SENZA URLARE, DUNQUE, DEVE ESSERE UN IMPEGNO: CAMBIARE LA MODALITÀ PER DIRE LE COSE HA RISVOLTI SORPRENDENTI.

Di fronte alle reazioni smodate di tuo figlio, il segreto è: prima calma te stesso e poi intervieni curando le tue parole e i tuoi gesti! E se non ottieni l'effetto voluto? Se reagisce in maniera incontrollata e butta all'aria tutto? Se non va come desideri, non abbatterti ma immagina di essere l'«allenatore» emotivo di tuo figlio e che la casa è la sua «palestra». Questo ti aiuta a cambiare prospettiva.

Allora non puoi pensare che con un solo allenamento ti porti a casa il risultato. Ci vuole un «piano personalizzato» con cui definisci gli obiettivi che vuoi raggiungere: quindi cura l'ascolto attivo e metti in campo l'empatia, coltiva la fiducia nei suoi confronti e imponiti una valutazione strada facendo anche per aggiustare il tiro quando ce ne fosse bisogno. Preparati perché allenarsi è certamente impegnativo ma farà bene sia a te sia alla tua famiglia.

Dunque, niente urla! Piuttosto ridiamo insieme! Ridere

in famiglia smorza le tensioni, riduce lo stress e migliora la comunicazione: questi i risultati di un lavoro di ricerca della Penn State University in cui si evidenzia come i genitori che danno spazio all'umorismo abbiano relazioni migliori con i figli. Ridere insieme aiuta a capirsi, rafforza i legami e genera benessere emotivo.

♦ *Simone vede sua figlia Lisa, tredici anni, in crisi prima della verifica di matematica e inizia a raccontarle aneddoti divertenti di quando lui era ragazzo. «Una volta ero talmente rilassato prima del compito di italiano che mi sono addormentato sulla sedia e l'insegnante mi ha svegliato dicendomi: "Ferri, signor Ferri, perdoni se la disturbo, ma mi faccia capire se devo segnarla assente!?!?".»*

La battuta al momento giusto può avere effetti positivi importanti. Una risata di cuore aumenta la coesione, favorisce un clima positivo. Lisa nel sentire i racconti di suo padre capisce che quella leggerezza era davvero un toccasana per trasformare i momenti di tensione in attimi di calma e spensieratezza.

Allora, spazio al buonumore con aneddoti e storie divertenti, prendendo benevolmente in giro anche noi stessi e sdrammatizzando situazione di tensione.

## *Parole chiave: empatia e autenticità!*

L'empatia, in questo percorso di allenamento che inizia dall'ascolto, è un pilastro essenziale. Per capire perché è così importante e come fare per entrare in empatia con i nostri figli, partiamo dalla definizione. Empatia, dal greco *en pathos* (sentire dentro), è quella capacità di entrare in connessione profonda con gli altri e di comprendere il loro stato d'animo.

Verso la fine del secolo scorso, il neuroscienziato italiano Giacomo Rizzolatti scoprì i «neuroni specchio», ossia neuroni che si attivano quando compiamo delle azioni o quando vediamo movimenti simili compiuti da altri e che, quindi, sono fisiologicamente alla base dell'empatia. Una sorta di «simulatore» interno ci fa percepire le emozioni e le sensazioni dei nostri simili, portandoci a empatizzare.

«Essere empatico è vedere il mondo attraverso gli occhi dell'altro e non vedere il nostro mondo riflesso nei suoi occhi» dice Rogers. Ci insegna che l'empatia è l'abilità di stabilire un contatto emotivo con gli altri attraverso una comunicazione verbale, una comunicazione non verbale, un atteggiamento di reale accettazione, il che significa accogliere la realtà dell'altro e valorizzare l'altro per ciò che è. In altre parole: l'empatia è la capacità di ascoltare in modo attivo e senza giudicare le persone che abbiamo accanto e di riconoscere e capire le emozioni e i sentimenti che le stanno attraversando.

La capacità di «mettersi nei panni degli altri» e di entrare in assonanza con loro è alla base dei rapporti tra genitori e figli ma anche, in maniera molto più ampia, della socialità. L'empatia abbatte il giudizio e il pregiudizio e rende più significative le relazioni.

Ma come allenare un figlio all'empatia? Vediamo alcune azioni che possiamo attuare:

- verbalizzare le sue emozioni, senza giudicarle, oltre che le nostre («Oggi mi sembra di capire che tu sia triste? Vuoi che ne parliamo?»);
- nominare le emozioni mentre gioca («La tua bambola

si è arrabbiata quando l'orsa le ha portato via il suo gioco!»);
- leggere storie insieme e cogliere le emozioni dei personaggi («Debby era triste perché si sentiva esclusa dalle sue amiche, a te non è mai capitato?»);
- confrontarsi sui fatti di cronaca («Secondo te cosa ha provato quella ragazza quando ha ricevuto tutte quelle offese online?»);
- suggerire di disegnare ciò che sente e vede nel mondo;
- giocare, giocare e ancora giocare insieme a vostro figlio fin da piccolo!

**ORA TOCCA A TE**

Prova ogni tanto a dire a tuo figlio nei momenti di difficoltà: «Mi sembra di capire che tu sia triste o arrabbiato o spaventato...» con il cuore, allontanando ogni forma di giudizio, vedrai si sentirà accolto, ascoltato e compreso... e il dialogo diventerà profondo e autentico.

L'interrogativo fondamentale, dunque, è: «Come possiamo entrare concretamente in empatia con nostro figlio?».

Entrare in empatia con nostro figlio significa creare uno spazio di connessione autentica, in cui si sentano accolti, ascoltati e compresi. Per farlo, è importante avvicinarsi a lui anche fisicamente: quando è piccolo, fino ai nove-dieci anni circa, abbassarsi alla sua altezza aiuta a ridurre la distanza e a mostrare vicinanza.

- AGGANCIAMOLO VISIVAMENTE: attraverso il contatto visivo possiamo trasmettere attenzione e disponibilità.

- MOSTRIAMO BENEVOLENZA: l'emozione che manifesta va accolta e non rifiutata.
- RASSERENIAMOLO CON LO SGUARDO, CON UN GESTO AFFETTUOSO: l'abbraccio rappresenta un rifugio sicuro.
- METTIAMOCI IN ASCOLTO: prestiamo attenzione non solo alle parole, ma anche ai messaggi del corpo, aiutiamolo a verbalizzare il proprio racconto personale.

Solo attraverso una presenza attenta e sincera, autentica, possiamo costruire un legame solido, basato sulla fiducia e sulla comprensione reciproca. Essere autentici ci rende credibili, ci permette di dire anche cose difficili, pure scomode, purché lo si faccia con rispetto, empatia e cuore. Per esempio, davanti a un comportamento che appare fuori controllo, potremmo dire d'istinto: «Sei impazzito?», ma sarebbe invece più efficace un'espressione del tipo: «Vedo che questa cosa ti ha fatto molto arrabbiare». Se usiamo empatia e un approccio autentico, tutto diventa più sensato e facile.

Quando i figli cominciano a crescere e vanno verso l'adolescenza, le strategie di comunicazione che usavamo quando erano piccoli non sono più funzionali. Per rimanere sintonizzati con loro è necessario rimettersi in gioco, attivare modalità di ascolto differenti, trovare nuovi canali e modalità di comunicazione. Non possiamo più limitarci a fare domande dirette, perché spesso troviamo risposte chiuse o vaghe, ma dobbiamo imparare a condividere esperienze e pensieri personali, creando un dialogo più autentico e aperto.

Vediamo alcune suggestioni per una comunicazione empatica.

- Invece di dire: «Non puoi arrabbiarti», prova a dire: «Sento la tua rabbia, scambiamo due parole?».
- Invece di dire: «Ti sta bene, adesso ne paghi le conseguenze», prova con: «Cosa ti insegna questa esperienza?».
- Invece di: «Forza, vediamo se hai il coraggio, ripeti quello che hai detto», prova a dire: «Ti lascio la possibilità di rimediare, prova a rivolgerti con un altro tono e poi con tutta calma ne parliamo».
- Invece di dire: «Sapevo che avresti sbagliato», prova a dire: «Sei riuscito a metterti alla prova e sbagliare fa parte del percorso».

Abbiamo parlato sin qui – ripetutamente per sottolineare l'importanza – di ascolto attivo, accoglienza, empatia, assenza di giudizio da mettere in campo sempre e comunque nel percorso con cui educhiamo le nostre figlie, i nostri figli, per poterlo affrontare con risultati migliori e meno fatiche, ricordando di non essere «genitori infallibili» ma che conta la consapevolezza. Allora teniamo presente che le sfide educative fanno parte della genitorialità e non esiste una genitorialità che non viva momenti di fatica, di fragilità nelle fasi diverse della crescita dei figli. Non è possibile avere sempre tutto sotto controllo, l'importante è che il nostro approccio nei confronti di una figlia, di un figlio sia sempre amorevole, lontano da forme ricattatorie e punitive. Diciamolo chiaramente: incontreremo spesso momenti sfidanti con nostro figlio che alza i toni, oppure disattende le nostre richieste, o ancora non ci dà ascolto. Non dobbiamo per questo sentirci in colpa, perché nella vita di tutti i giorni è veramente difficile riuscire a essere sempre sul pezzo, avere sempre quella capacità di gestire la situazione, abbiamo anche noi momenti di stanchezza per gli impegni professionali, per tensioni nella coppia o altro.

Quindi, tenendo sempre ben fermi questi capisaldi su come educare i nostri figli, dobbiamo sapere che può capitare che ci siano momenti più faticosi, più sfidanti, in cui i figli si comportano diversamente da come noi ci saremmo attesi, nonostante la cura e l'attenzione messi nell'educarli.

Non dobbiamo però pensare di aver sbagliato tutto o che siano loro il problema! L'obiettivo non è trovare a chi attribuire le colpe, perché questo ci porterebbe fuori strada. A volte si tratta di momenti più sfidanti in cui è difficile riconoscerne i contorni, diventa quindi necessario fermarci un attimo, rivedere cosa possiamo fare, mettendo il focus su come possiamo agire.

Il primo passaggio è comunque parlarne con la figlia, con il figlio: dire in maniera diretta che c'è bisogno di discuterne.

Ogni tanto intervenire in maniera più netta con uno «shampoo educativo», lo chiamo così perché si tratta di un intervento utile a ristabilire punti fermi con fermezza e chiarezza.

Questo perché ci sono situazioni limite in cui i figli necessitano di punti fermi e una certa tempestività d'intervento: per esempio, quando ci rendiamo conto che nostro figlio manca di rispetto nei confronti degli altri, quando percepiamo una perdita di valori per un momento di leggerezza o per aver seguito un comportamento poco virtuoso dei suoi amici.

Facciamo un esempio: nostro figlio può aver preso in giro una compagna, un compagno in un momento di fatica: ecco, lì è giusto intervenire in maniera molto ferma e chiedere espressamente quale era la sua intenzione e secondo lui che cosa sta vivendo quella compagna, quel compagno, come si può sentire dopo le sue prese in giro. Lo shampoo educativo è il momento in cui con una certa fermezza spieghiamo al figlio quali sono i valori che come famiglia gli abbiamo trasmesso e vogliamo continuare a trasmettere. Però può capitare che il ragazzo si faccia condizionare dagli altri, allontanandosi dai nostri insegnamenti, comportandosi in maniera diversa da come vorremmo. Ecco allora che diventa necessario mettere il punto e ripartire. Dobbiamo aiutarlo a capire che deve rimediare, che il suo comportamento è inaccettabile. Gli esempi potrebbero riguardare tante altre situazioni. Ma il giusto atteggiamento è dire: «Guarda, adesso ci prendiamo cinque minuti e parliamo di questo fatto... Tu come lo vedi?». Quindi cerchiamo di capire cosa stia capitando dentro di lui e poi insieme troviamo la strategia per rimediare, ma il genitore qui deve essere fermo, deve aiutare il figlio a comprendere che quel percorso che sta facendo è utile per lui, per la sua crescita.

D'altra parte, pensiamo ad un esempio inverso: quando un figlio ha fatto il proprio dovere, ha fatto i compiti, si è impegnato, viene gratificato, magari dalla docente che lo fa sentire capace; facciamolo riflettere anche su questo, su come l'aver fatto assolo i propri impegni lo faccia stare bene, gli lasci poi il tempo per divertirsi, per giocare.

Più in generale dunque il focus è questo: sottolineiamo come essere attenti, curare la propria vita e quella degli altri porti cose buone, belle. Lo shampoo educativo deve evidenziare quello che non va ma al tempo stesso rafforzare le cose buone!

## *Gli ostacoli della comunicazione*

Dobbiamo, però, mettere in conto la possibilità che davvero nostro figlio, in un dato momento, non abbia compreso ciò che gli stiamo chiedendo, che ci sia quindi un difetto di comunicazione: noi mandiamo dei messaggi, ma non sempre arrivano a destinazione in maniera corretta. E allora dobbiamo anche ascoltare noi stessi, rivedere come ci esprimiamo con i nostri figli: questo è un buon allenamento per diventare efficaci nella comunicazione.

Spesso la comunicazione, anche involontariamente, è disseminata di ostacoli, di barriere che impediscono di capirsi, di comprendersi fino in fondo. Thomas Gordon, allievo di Rogers, ne individua dodici: dall'avere un approccio estremamente direttivo, a minacciare, rimproverare, oppure offrire consigli, redarguire, giudicare, fare apprezzamenti, fino a ridicolizzare, interpretare, rassicurare, fare domande e infine distrarre. L'elenco di Gordon ci offre spunti per valutare come comunichiamo con i nostri figli, evidenziando come spesso sia più importante ascoltare, senza tentare di imporre soluzioni, semplicemente accogliendo l'altro senza preconcetti.

♦ *Cristiana, quattordici anni, appare cambiata nella relazione con sua madre che si vede costretta di continuo a ripetere le stesse cose: «Fai i compiti!», «Guarda la tua camera! Non esci con la tua amica, se non la metti in ordine!», «Smettila di stare attaccata al telefono!».*

Ammettiamolo: questa è una situazione che molti di noi vivono normalmente con i figli: un'adolescente che non ascolta le richieste di un genitore e un genitore che le ricorda continuamente cosa deve fare. Sì, accade di continuo. Per questo, però, ogni tanto dovremmo fermarci e mettere in discussione la nostra modalità comunicativa, soprattutto durante quei momenti della crescita che sono più sfidanti, come appunto l'adolescenza. Si tratta di una fase di transizione estremamente delicata, il figlio cerca la propria autonomia, la propria indipendenza dalla famiglia. E come lo fa? Entrando in conflitto con il genitore e con le regole che gli sono state imposte: quindi le richieste, soprattutto se incessanti e perentorie, diventano un momento di scontro.

Cristiana, quindi, alza un muro e crea una forte barriera nella comunicazione. Cosa può fare, allora, la madre? La madre deve guardare la situazione da un altro punto di vista, trovare nuove forme per comunicare.

Non possiamo sempre mandare messaggi direttivi: «quello si fa», «quello non si fa». È importante anche mandare messaggi per riconoscere ciò che funziona e sottolineare momenti piacevoli: per esempio, «Abbiamo trascorso un bel pomeriggio…», «Abbiamo visto un bel film…», «È stato bello…» e così via. È importante utilizzare un linguaggio positivo. Se devono mettere a posto la camera lo devono fare, senza se e senza ma, non devono però essere richieste imperative, sfidanti, con forme quasi ricattatorie. Frasi del tipo: «Se non metti a posto la tua stanza, scordatelo che oggi pomeriggio esci a fare il giro con la tua amica» non sono una buona forma di comunicazione. Invece, potremmo provare a dire: «Vediamo un po' la tua stanza, è un delirio totale, e lo vediamo entrambe che è così. Proviamo a capire se riesci a organizzarti per mettere a posto, anche perché poi devi ritrovarle le tue cose qui dentro. Quindi organizzati in modo da mettere in ordine prima di uscire».

Questo è un atteggiamento più aperto. Non significa che lasciamo correre se nostra figlia non mette a posto la stanza, no, però le diamo fiducia, è come dire: «Dai, hai venti minuti prima di uscire, dedica questo tempo per rimettere in ordine la camera».

Allora, quando la relazione tra Cristiana e la madre può ritornare su un binario più funzionale? Quando la madre assume un atteggiamento meno punitivo, cioè quando mostra di essere un genitore meno direttivo, quando mostra una presenza un po' più collaborativa, più aperta al dialogo e con una comunicazione positiva.

Abbattere le barriere che rendono difficile la comunicazione è alla base del percorso educativo. Dobbiamo, quindi, investire nel migliorare la nostra capacità di trasmettere in maniera corretta ed efficace ai nostri figli i contenuti educativi necessari per la loro crescita.

**ORA TOCCA A TE**

Chiediti quali parole dici a tua figlia, a tuo figlio più spesso. Prendi carta e penna e scrivile. Rifletti se davvero esprimono quello che vuoi trasmettere a tua figlia o a tuo figlio. Agisci se necessario, sin da adesso, cercando parole e frasi più chiare, più empatiche.

## *Il decalogo della comunicazione efficace*

1. Ascolta in maniera attiva. Elimina fonti di distrazione, presta a tuo figlio la massima attenzione («Parlami, ti ascolto»).
2. L'empatia prima di tutto. Cerca di sintonizzarti con

quello che tuo figlio prova e vive, cerca di percepire le sue emozioni al di là delle parole.

3. Scegli il luogo giusto e anche il momento giusto, in modo che tuo figlio possa sentirsi a suo agio.
4. Parola d'ordine: autenticità. Le parole, il tono della voce e i gesti devono essere coerenti, così trasmetti fiducia.
5. No al giudizio. Accogli le emozioni di tuo figlio, senza negarle o minimizzarle.
6. Stagli vicino. Mantieni il contatto visivo, condividi lo spazio fisico.
7. Empatia e assertività. Di' chiaramente che comprendi quello che sente («Capisco come ti senti…»).
8. Fai attenzione al non verbale. Il corpo parla attraverso gesti, pause, sguardi: sono significativi quanto le parole.
9. Dagli un feedback. Ripeti con parole tue quanto hai ascoltato e compreso, incoraggia con altre domande e aiutalo a chiarire.
10. Invita al dialogo offrendo supporto ma senza imporre soluzioni.

**ORA TOCCA A TE**

«Il rituale dei quindici minuti» – Ogni giorno, alla stessa ora, dedica quindici minuti a parlare con tua figlia o tuo figlio, affrontando ogni volta un tema diverso. Ascolta senza interrompere, giudicare o correggere: poni solo domande per sapere come la pensa o cosa lo attraversa. Annota poi su un diario com'è andata. Dopo una settimana, rifletti su cosa hai scoperto e come è cambiata la vostra comunicazione.

# 6
# Tu chiamale emozioni!

Le emozioni sono il primo mezzo attraverso cui ogni essere umano entra in contatto con la realtà che lo circonda. Aiutare i figli a riconoscere ed esprimere le proprie emozioni in maniera consapevole e costruttiva, quindi, è un momento molto importante del percorso educativo. Essere consapevoli dei propri stati d'animo, delle proprie emozioni e apprendere come gestirle è fondamentale per il loro sviluppo emotivo. La vita emotiva dei nostri figli è un aspetto cruciale della loro crescita: spesso poniamo troppa attenzione sulle «performance», sui successi e gli insuccessi della loro quotidianità, ma sono le emozioni gli strumenti per sentire e conoscere se stessi, per costruire relazioni efficaci e per affrontare la complessità del mondo.

Lo psicologo e giornalista statunitense Daniel Goleman, con la sua attività di ricerca esposta in numerose pubblicazioni tra cui il famoso saggio *Intelligenza emotiva* del 1995, ha rivoluzionato il modo di vedere il vasto universo emozionale dell'individuo sostenendo la necessità di riconoscere, comprendere e gestire le emozioni per il benessere personale e relazionale di ogni persona.

Goleman divide l'intelligenza emotiva in cinque abilità chiave:

1. CONSAPEVOLEZZA DI SÉ: capire le proprie emozioni e come influenzano il comportamento.
2. AUTOREGOLAZIONE: saper gestire emozioni e impulsi in modo equilibrato.
3. MOTIVAZIONE: essere spinti da obiettivi personali e capacità di perseverare.
4. EMPATIA: riconoscere e comprendere le emozioni altrui.
5. ABILITÀ SOCIALI: saper comunicare, collaborare e gestire le relazioni in modo positivo.

Come prima cosa dobbiamo dunque metterci in gioco noi genitori e ripartire dalle nostre emozioni per essere realmente d'aiuto a figlie e a figli. L'educazione emotiva non si insegna seguendo un protocollo rigido, ma è un processo relazionale che nasce dalla sintonia e dal «rispecchiamento» delle emozioni: l'adulto coglie le emozioni del bambino e le rispecchia, aiutandolo a riconoscerle e quindi a gestirle, rendendolo a sua volta capace di sviluppare connessioni emotive con gli altri.

Si costruisce così un legame empatico, che consente al bambino di esprimersi. Credo sia una tematica essenziale per la crescita di una figlia, di un figlio, e quindi vada coltivata sin da subito in famiglia ma anche a scuola.

♦ *Antonio, otto anni, manifesta una certa fragilità emotiva e i genitori, preso atto della situazione, iniziano un per-*

*corso formativo per essere di aiuto al figlio. La mamma scopre così la propria fragilità nel mettersi nei panni del bambino.*

Sappiamo bene che le emozioni sono tutte legittime, per questo non vanno soffocate ma riconosciute e, appunto, gestite. E, allora, sintonizziamoci sulle emozioni dei nostri figli – cosa non certamente facile – in modo da instaurare un legame più profondo, più intimo e più autentico con loro: così affronteremo al meglio le loro diverse onde emozionali e faremo un po' da specchio, aiutandoli, prendendo noi come modello, a regolarle. La presa di coscienza da parte della mamma di Antonio è stata necessaria come punto di partenza per lavorare sull'empatia e sul rispecchiamento emotivo: imparando a riconoscere e validare le emozioni di Antonio senza giudizio tutto è cambiato, con un netto miglioramento nel loro rapporto. Imparare a riconoscere, comprendere e regolare le proprie emozioni non è qualcosa di innato, ma una competenza che si costruisce attraverso la relazione con gli adulti di riferimento.

Questo non significa che, a volte, non sia legittimo perdere la pazienza: può capitare, certo, ma è come noi gestiamo quel momento di criticità che può fare la differenza. Per educare tuo figlio a gestire le emozioni devi partire da te stesso, devi lavorare *in primis* per imparare a gestire le tue.

Le emozioni devono essere considerate come una bussola. Tutte le emozioni che proviamo sono importanti, anche quelle che a volte ci mettono a dura prova, ma è il nostro modo di gestirle e validarle che fa la differenza. Se ascolti le tue emozioni, se ne hai consapevolezza, se sai dare un nome a ciò che senti, se impari a regolarle e a gestirle, è come se avessi sempre a portata di mano la bussola pronta a orientarti e a guidarti nelle scelte e nei comportamenti.

Ecco alcuni esempi per mostrare empatia, offrire disponibilità ad ascoltare, condividere le emozioni, mostrare comprensione e validare le emozioni.

- «Capisco che sei arrabbiato, può capitare che ci senta così quando le cose vanno diversamente da come vorremmo. Vuoi parlarmene?»
- «Mi sembra che tu sia triste, sono qui, pronta ad ascoltarti.»
- «È faticoso ciò che stai vivendo, hai voglia se ne parliamo un po' insieme? A me è capitato diverse volte quando ero ragazzo.»
- «Hai paura per ciò che stai vivendo? È comprensibile, sono qui per ascoltarti e trovare se vuoi delle strategie per affrontare questo momento.»
- «Vedo che in questo mento sei un po' triste, hai voglia se disegniamo la tristezza e mi racconti?»

## *La rabbia*

«Non insegnate ai vostri figli a non essere mai arrabbiati; insegnate loro come arrabbiarsi» dice il teologo e giornalista americano Lyman Abbott. È un'affermazione molto significativa, che indica una strada. Ma dobbiamo partire ponendoci prima una domanda: che cos'è la rabbia?

La rabbia è un'emozione che appartiene a tutti, grandi e piccoli. Si può manifestare in maniera intensa, dirompente, allora ci preoccupa quando a viverla è nostro figlio. Eppure, dobbiamo sapere che ha un suo significato e una sua funzione. Tante volte racconta un disagio, un bisogno non soddisfatto, un'ingiustizia.

♦ *Luisa perde le staffe con il figlio Flavio, nove anni, perché in un momento di crisi emotiva scaraventa il libro contro il muro...*

Spesso e volentieri, presi dal senso di frustrazione di fronte a nostro figlio fuori controllo, non teniamo conto che reagire in maniera veemente è controproducente. Luisa si arrabbia molto a sua volta perché suo figlio sbotta senza controllo, buttando le cose in giro, urlando, e lo punisce. Ecco, questo atteggiamento non fa altro che aumentare il risentimento del bambino perché sente che la mamma non ha capito i suoi bisogni e non è stata neppure in grado di gestire le sue stesse emozioni e, di conseguenza, di aiutarlo. Quindi dovremmo lasciare nostro figlio libero di scaraventare i libri per terra? No, certamente no. Allora vediamo come fare.

Prima di tutto dobbiamo dire che il bambino che vede il genitore incapace di controllarsi è un bambino disorientato, anche preoccupato e la situazione diventa esplosiva. Se, per esempio, interveniamo dicendo «Ti arrabbi per così poco?!», si sentirà non compreso e reagirà in maniera incontrollata. Quindi mai minimizzare, mai reagire a nostra volta con rabbia. Anche punire o minacciare provocherà solo reazioni ancora più intense. Luisa dovrebbe cercare, invece, di accogliere l'emozione del figlio dicendo: «Mi sembra che tu in questo momento sia tanto arrabbiato, però adesso con calma cerchiamo di capire come possiamo affrontare la situazione», una frase simile lo aiuterà a sentirsi capito, a prendere coscienza delle proprie emozioni. A volte funziona anche ripetere parole o frasi chiave che sappiamo fanno leva su di loro e possono rimettere in equilibrio la situazione: «Adesso ci calmiamo!», oppure «Ehi ehi ehi», accompagnato da uno sguardo benevolo (è potentissimo!) o ancora «Capiamo che succede!».

Solo con un atteggiamento di comprensione verso l'emozione e – attenzione! – non verso il comportamento, possiamo entrare in sintonia con i nostri figli, anche nei momenti più difficili. Se il bambino prende il libro e lo scaraventa contro il muro urlando, io non legittimo il comportamento ma prendo atto che è molto arrabbiato e che sta esplicitando con forza il suo desiderio di continuare a giocare invece di mettersi a fare i compiti: quindi non banalizzo la reazione, ma accolgo *in primis* l'emozione. Ai genitori che faticano nella gestione di questi momenti consiglio sempre di trovare un modo per calmarsi a loro volta prima di agire, di prendersi quei 10, 20, 30 secondi, quel minuto, magari bevendo un bicchiere d'acqua o facendo un po' di respirazione, per mettere a fuoco cosa fare e individuare una strategia per gestire al meglio la situazione. Cerchiamo di immaginarci, in questa situazione, che la cosa sia governabile, che ce la possiamo fare, che è faticoso ma adesso ci calmiamo e affrontiamo la questione. Offriamo, quindi, al bambino strumenti per superare il momento. Potremmo proporgli di fare insieme una corsettina sul posto, di respirare profondamente o di prenderci ancora cinque minuti per calmarci prima di iniziare a studiare. È molto importante anche coinvolgerlo nella ricerca di soluzioni, magari chiedendo: «Secondo te, la prossima volta che ti senti così, cosa potresti fare per gestire la situazione al meglio?». I bambini hanno dentro di sé risorse preziose, ma hanno bisogno di essere incoraggiati a riconoscerli e usarli. E, come abbiamo detto, teniamo sempre presente che ogni bambino è unico: ci sono strategie che con uno funzionano e con un altro no. Per questo, coinvolgerli nel processo decisionale li aiuta a sviluppare autonomia e consapevolezza emotiva. Una volta resa la situazione più governabile bisogna comunque tornarci su, senza pesantezza, ma parlando di quello che è accaduto, in maniera diretta ed empatica.

Riconoscere i segnali fisici ed emotivi che anticipano la rabbia è un altro passaggio fondamentale. Se il bambino diventa irritabile, mostra impazienza, lancia oggetti, batte i piedi, ribatte a ciò che diciamo, serra i pugni, possiamo già cogliere i segnali di quanto sta per accadere. Possiamo, quindi intervenire, provando a fare fluire la rabbia e renderla così occasione di apprendimento. Vediamo un esempio.

Tuo figlio al supermercato vuole a tutti costi comprare una merenda che hanno tutti i suoi compagni... Inizia a chiedertela e tu, se fai finta di non sentire, attenditi che continuerà a chiedertela fino a che non provocherà una tua risposta o reazione e solitamente dopo la decima richiesta, diciamo la verità, sbottiamo. E sì, spesso si risponde con un certo tono anche perché – siamo onesti – è legittimo che ci sentiamo provati. E se invece diciamo no, ma non è un no convincente e motivato, continuerà a insistere... e, non ottenendo ciò che vuole, alla fine esplode!

Quindi è un nostro errore temporeggiare o dire no? Temporeggiare crea false speranze, allora diciamo no, quando lo riteniamo giusto, ma dobbiamo far sì che non sia un «no» sfidante. Ricordiamoci che i «no» vanno motivati e i figli vanno aiutati a gestire le emozioni che si nascondono dietro alla frustrazione che vivono.

E quindi come possiamo fare affinché non urli come un forsennato? Per uscirne dobbiamo trovare uno spazio in cui non senta gli occhi degli altri addosso, perché anche questo può peggiorare la situazione, e iniziare a riconoscere e validare ciò che sente. Possiamo dirgli: «Capisco che tu sia arrabbiato, adesso con calma ne parliamo...».

Offrire anche la propria vicinanza fisica può essere d'aiuto, ci sono bambine e bambini che con un abbraccio riescono a ritrovare la calma. Quando la situazione è rientrata, conversiamo con loro dicendo che a volte ci sono «no» che sono necessari, come questo per esempio, e spieghiamo per bene perché quella cosa non la comprerete. Una situazione simile potrebbe essere un buono spunto, per esempio, per spiegare cosa fa bene mangiare e cosa no.

È importante, quindi, mantenere la calma: questo è davvero uno spartiacque, dobbiamo metterci nei suoi panni e cercare di comprendere i suoi reali bisogni e le emozioni che lo attraversano in quel momento, dobbiamo mostrare che ci fidiamo di lui e che sappiamo che capirà il «no», perché gli spiegheremo che dietro a un «no» ci sono insegnamenti importanti. Gli dirai che vuoi il suo bene, pertanto cercherete merende più sane, magari cucinandole insieme. Raccontiamo ai più piccoli storie che abbiano come messaggi questi principi educativi: accettare il «no», il valore dell'attesa, conoscere le proprie emozioni...

## *I capricci*

Ma esistono davvero i «capricci»? Esplosioni di rabbia improvvise, voglie inaspettate e comportamenti eccentrici, diciamo subito che dietro a quelli che noi definiamo capricci c'è sempre un bisogno. Pensiamo che i capricci siano inutili, insensati... ma se li analizziamo bene ci accorgiamo che sotto sotto celano sempre un messaggio.

Le bambine e i bambini con pianti, urla, calci, gesti fuori controllo... ci lanciano un S.O.S.

Sono momenti che ci mettono a dura prova, a tratti ci sfiniscono, ma non c'è intenzione: i figli non vogliono sfidarci... Il *temper tantrums*, cioè «scatto d'ira» o «rabbia non controllata», spiega al meglio la fatica delle bambine e dei bambini nel regolare le loro emozioni e comportamenti.

Si tratta di reazioni normali, perché i più piccoli non sanno ancora come regolare autonomamente le proprie emozioni. Il pianto irrefrenabile, l'ostinazione, la rabbia esplosiva celano emozioni intense, che non sanno ancora come gestire, disagi, bisogno di cura, attenzione. Dunque i capricci esistono ma non hanno la connotazione che noi attribuiamo. Non sono immotivati, illogici, futili, senza senso! Alla base ci sono sempre un'esigenza e un'urgenza che è compito di noi adulti riconoscere e validare.

Ma perché tutto sfocia in questi comportamenti apparentemente incomprensibili? Perché fanno così? Prima di tutto, perché non riescono a spiegare a voce i loro bisogni oppure non riescono a gestire certe emozioni; poi per sovraccarico emotivo, perché faticano a vivere certe frustrazioni (ad accettare il «no», per esempio), perché vogliono la nostra attenzione, oppure per stanchezza, eccetera.

RIUSCIRE A LEGGERE I LORO BISOGNI PUÒ AIUTARE A SVOLTARE!

Dunque cosa NON dobbiamo fare?

1. Urlare.
2. Punire.
3. Mortificare.
4. Paragonare.

5. Ignorare.
6. Ricattare.

In particolare, punire un capriccio genera ulteriori tensioni e non insegna strategie di autoregolazione. Punire porta solo ad aumentare il senso di frustrazione e, quindi, la rabbia.

E, allora, cosa dobbiamo fare? ECCO IL DECALOGO S.O.S. CAPRICCI:

1. Abbassa la voce e tieni lo sguardo su di lui/lei.
2. Calmati (fai un bel respiro!).
3. Impara a gestire le tue emozioni per aiutare tuo figlio poi di conseguenza a gestire le sue emozioni.
4. Accogli e rispetta le emozioni di tuo figlio senza giudicarle (riconosci l'emozione che sente e prova!).
5. Usare parole rassicuranti (anche il silenzio accogliente può essere efficace!).
6. Offri vicinanza fisica e ascolto per accompagnarlo fuori dall'intensità emotiva.
7. Aiutalo a trovare soluzioni per iniziare a gestire le sue emozioni.
8. Rinforza il suo atteggiamento collaborativo con frasi tipo: «Si vede che stai crescendo… riesci a comprendere quanto sia importante rispettare un "no"!».
9. Quando il capriccio è finito ricorda i passaggi che puoi affrontare quando si trova in una situazione analoga: «Ah, ok, quindi per la prossima volta, quando capiterà di arrabbiarti, cosa puoi fare? Oggi hai messo in campo delle strategie efficaci. Pensi di ricordartele?».
10. Valida le sue emozioni: «Capisco che questa cosa possa averti provocato rabbia, ma hai visto che poi

parlarne è servito per comprendere e gestire la situazione al meglio?».

Un bambino che fa i capricci (età di rifermento dai diciotto mesi ai quattro anni circa) magari non riesce a esprimere nella maniera adeguata sentimenti di frustrazione, di disagio.

♦ *Monica, due anni, mette a dura prova la pazienza del papà, Luca, che racconta di innumerevoli capricci ingestibili.*

Con Luca si è cercato di guardare i capricci con occhi diversi, non erano più quelle scenate senza senso ma dei chiari segnali per avere l'attenzione del genitore. È stato generativo vedere i capricci come bisogni e non come ostacoli, e per arginarli ha dovuto lavorare sull'ascolto e l'osservazione. «Ho finalmente conosciuto mia figlia» dice Luca alla fine del percorso: mettendo in pratica qualche semplice accorgimento, senza snaturarsi, ha scoperto risorse che non credeva di avere. È consapevole che ci sono ancora momenti faticosi, soprattutto quando è particolarmente stanco, ma sforzarsi a prestare ascolto alle emozioni della figlia e legittimarle gli ha permesso di entrare in connessione profonda con lei.

## *La tristezza*

Nel linguaggio delle emozioni la tristezza preoccupa un po' i genitori. È l'emozione che si contrappone alla felicità e all'allegria e sappiamo che nessun genitore vorrebbe mai vedere il proprio figlio triste. Vorremmo vederli sempre sorridenti e spensierati ma capita che vivano anche momenti di fatica, di frustrazione e, appunto, di tristezza.

Ma davvero la tristezza è un'emozione da allontanare? Assolutamente no! È anch'essa un'emozione da accogliere che si presenta nei bambini per segnalare un bisogno di conforto e favorisce la riflessione, l'elaborazione di momenti difficili, di cambiamento magari. Può non essere però così facile coglierla, individuarla. I bambini vivono la tristezza in maniera differente dagli adulti, quindi possiamo solo dedurla dalle loro azioni: tendenza all'isolamento, nervosismo, pianto.

Il genitore, allora, deve accogliere le emozioni, senza sminuirle, senza giudicarle ma promuovendo comportamenti volti a comprenderle e regolarle. D'istinto, a volte, potremmo uscire con un'espressione del genere «Su, forza, fai un bel sorriso, mica ti voglio vedere triste!»; ma così sminuiremmo la cosa, lo faremmo sentire non capito.

Potremmo avvicinarci, invece, con una frase accogliente come: «Mi sembra di capire che tu sia triste...» e poi offrire conforto con le parole e i gesti.

Non dobbiamo negare l'emozione, fare finta di nulla come se i momenti bui non fossero da prendere in considerazione, così non facciamo altro che minare l'autostima di nostro figlio portandolo a sentirsi sbagliato perché sta vivendo un momento di fatica. Al contrario, possiamo in maniera empatica e costruttiva accettare la sua tristezza, creando l'occasione per parlarne, rispettando ciò che ci racconterà e usare un linguaggio empatico.

È questo il percorso per costruire competenze emotive e servirà a tuo figlio per stare bene con se stesso e con gli altri.

## *La paura*

La paura è uno stato emotivo che porta a un senso di insicurezza, di smarrimento, di ansia di fronte a un pericolo reale o immaginario o una cosa o un fatto. La paura può avere la faccia di un mostriciattolo nell'armadio, oppure può essere l'espressione di tensione verso un cambiamento, la paura può raccontarsi in mille modi diversi. Allora cosa fare affinché la paura si dissolva? Prima di tutto è importante, anche in questo caso, non negarla, anzi, ascoltala, accoglila, accettala, mostra empatia; evita di sminuire la sua paura e il suo stato d'animo, aiutalo a sentirsi sicuro, magari giocate insieme: aiuterà a esorcizzare le paure.

Dobbiamo tenere presente che la paura può anche essere utile, può darci indicazioni per agire: per esempio ci mette in guardia, è come un campanello d'allarme, ci segnala un rischio. In questo senso aiuta i bambini a sviluppare anche sicurezza e controllo, competenze importantissime per la vita, ma che quando sono molto piccoli non hanno. Siamo noi adulti a guidarli e a indicare i pericoli. Più avanti nel tempo, sarà proprio il timore, la paura ad attivare in loro meccanismi di difesa, di protezione. Per esempio, la paura delle macchine li porta a guardare prima di attraversare, a stare attenti se il semaforo è verde, a cercare le strisce pedonali, e così via. Ed è chiaro che le paure si modificano nel corso della crescita, sono evolutive, e sono diverse anche da bambino a bambino: nei primi anni di vita c'è la paura della separazione dal genitore, la paura dell'estraneo, poi la paura del buio; in età prescolare, c'è la paura per esempio dei mostri, dei temporali, o dei ladri; poi crescendo può arrivare il timore dei giudizi. L'adolescenza, invece, è segnata dalla paura di sbagliare, di sentirsi giudicati, di non essere accettati.

Allora come comportarci con un bambino che ha paura? Rispettando la sua paura, incoraggiandolo ad aprirsi con noi. In questo modo possiamo aiutarlo a renderla riconoscibile, a non ingigantirla e quindi a riuscire a gestirla. Dico sempre che il teatro è un'occasione preziosa per conoscere e abbracciare le proprie paure, le proprie tensioni, e per dare ai figli nuove modalità per gestirle: per esempio, con i più piccoli, che hanno paura dei mostri, può essere utile trasformare il mostro da spaventoso in comico; questo aiuta a ridurre la paura. Giocare aiuta a esorcizzare. Se un bambino ha paura del buio, non è che nel giro di qualche giorno questa paura gli passi: bisogna lavorarci, avviare un processo di aiuto; alla sera, prima di andare a letto, lasciamo la lucina amica accesa, e raccontiamo delle storie rassicuranti, che favoriscano bei sogni. Importante è far sì che affronti la paura un poco per la volta, senza forzarlo, ma solo incoraggiandolo, dandogli fiducia, senza troppo sottolineare la questione.

E poi, come sempre, partiamo anche dal nostro buon esempio, perché a volte le nostre paure diventano anche le paure dei figli. Un padre, per esempio, mi ha scritto che aveva una paura forte degli insetti e che l'aveva trasmessa al figlio: l'unico modo funzionale affinché il figlio affrontasse questa paura e la risolvesse è stato proprio quello di partire da lui, avviando un percorso di crescita per lui e poi per il figlio, alla fine, liberi entrambi da quella paura.

Per aiutare un figlio ad affrontare le paure non bisogna essere iperprotettivi, evidenziare sempre cosa può essere pericoloso, cosa può fare male, cosa è rischioso, così non faremmo altro che aumentare certe paure e la sua insicurezza. Anche la paura diventa un'opportunità di crescita, è un'emozione primaria, comune a tutti e va rispettata per aiutare un figlio ad accettare le paure e affrontarle.

## *Le bugie*

La bugia è una falsa affermazione, fatta intenzionalmente per trarre altri in errore, o per nascondere una propria colpa, per esaltare se stesso: questa è la definizione letterale di una delle azioni dei figli – dire bugie – che più preoccupano e destabilizzano i genitori. Le bugie, in realtà, fanno parte di un processo di crescita naturale nei bambini, poiché attraverso esse creano uno spazio personale per le proprie emozioni, le proprie paure e insicurezze.

E, se vogliamo dirla tutta, spesso certe bugie sono la risposta ad aspettative troppo alte.

♦ *Sibilla, tredici anni, nasconde i brutti voti alla madre che mostra sempre di avere alte pretese.*

La madre una volta scoperto l'accaduto ha iniziato a interrogarsi sul perché e il confronto autentico e non giudicante con la figlia ha spalancato le porte a una relazione più genuina e rispettosa.

Ma perché un bambino dice bugie?

1. Perché cerca approvazione, per sentirsi amato.
2. Per sfuggire alla punizione, al rimprovero se si sente sotto pressione.
3. Per evitare di deludere i genitori.
4. Perché ama i racconti fantastici (questo, in particolare, dai tre ai cinque anni), avendo una incredibile immaginazione.

Prova a soffermarti per comprendere le motivazioni che hanno portato tuo figlio a mentire, tenendo conto del contesto in cui è nata la bugia. Parti proprio da qui, dal contesto, per capire cosa fare. Ricorda sempre che è inutile e dannoso reagire in maniera aggressiva o accusatoria e che, anche in questo caso, dobbiamo essere i primi a dare l'esempio, evitando di ricorrere a bugie di qualunque tipo, anche se a fin di bene, perché questo potrebbe indurre il bambino a replicare a sua volta il comportamento errato. Potremmo essere noi a spingerlo a dire altre bugie!

Mi viene in mente Stefania, di cinque anni, una bambina che raccontava delle torte speciali che sapeva fare la sua mamma, delle torte incredibili, e ogni volta apriva a una narrazione diversa. Mi è rimasta impressa la sua descrizione della torta di cioccolato che profumava di rosa. Ma Stefania purtroppo la mamma non l'aveva mai conosciuta. Spesso e volentieri dentro le bugie si nascondono emozioni, paure, desideri. Tendiamo a pensare che i bambini mentano per nascondere o ottenere qualcosa, per evitare una punizione, invece a volte le bugie nascondono il desiderio di una vita diversa o di non deludere gli adulti di riferimento che hanno vicino: è un modo anche per sentirsi visti e riconosciuti, come nel caso di Stefania, che viveva una situazione di grande fatica e per sentirsi più simile alle compagne e ai compagni con storie familiari diverse inventava un mondo immaginario, la vita che avrebbe voluto.

Poi le bugie hanno anche significati diversi a seconda dell'età, delle situazioni: ci sono bambini che nella fase prescolare mentono senza sapere di farlo, ma proprio perché la fantasia si mescola con la realtà e quindi diventa tutto un gioco, non hanno la capacità, la consapevolezza di aver detto una bugia.

Allora, cosa possiamo fare di fronte a una figlia, un figlio che mente?

Come sempre dobbiamo avere pazienza e mantenere la calma, senza accusare, senza puntare il dito, altrimenti alimenteremo le bugie, perché il timore della punizione o del giudizio dell'adulto porterà nostro figlio a continuare a mentire. Se invece lo ascoltiamo è più facile che vada nella direzione della verità.

Può essere che abbia mentito, per esempio, nascondendo una verifica andata male, temendo il giudizio. È vero che, in casi simili, ci rimaniamo male perché sentiamo che nostro figlio non ha avuto fiducia in noi: benissimo, allora domandiamoci perché nostro figlio non ha voluto raccontarcelo, perché non si sente libero di esprimersi, perché ha paura di essere giudicato da noi, domandiamoci se magari sta vivendo un momento di grande fatica ma non si sente aiutato dal mondo adulto, da noi. A volte sono proprio le nostre aspettative a mandarlo in affanno, allora ci racconta che a scuola va tutto bene e invece durante la ricreazione rimane nell'angolo e non gioca con nessuno perché sente le nostre pressioni.

A tal proposito, ricordo la storia di Riccardo, un bambino che veniva raccontato dal genitore come capace, efficace nelle relazioni; in realtà era un bambino che faceva fatica a relazionarsi, ma poiché i genitori volevano che lui fosse un leader come suo zio Alberto, che piaceva a tutti, lo spingevano nel fargli fare tante attività in cui si mettesse in gioco con gli altri. Riccardo dal canto suo non voleva deludere i genitori perché sapeva che c'era questa grande aspettativa, ma quando il gruppo non gli dava l'importanza che lui desiderava andava su tutte le furie. A casa raccontava che andava tutto bene, finché i genitori scoprirono dagli insegnanti e dall'allenatore di basket che la situazione era totalmente diversa, che faceva proprio fatica a relazionarsi, che spesso discuteva animatamente durante le attività e soprattutto si offendeva per qualsiasi cosa gli altri gli dicessero: i genitori allora hanno preso coscienza della situazione e ci hanno lavorato.

I genitori hanno fatto benissimo a stimolare il figlio nel vivere attività diverse, ma è importante stare attenti alle vesti che mettiamo addosso ai figli perché diventano delle gabbie... un figlio deve avere la possibilità di essere se stesso e di essere amato per ciò che è. I genitori, preso atto della fragilità del figlio, hanno affrontato un lavoro sulla genitorialità che ha dato i suoi frutti. E Riccardo ha smesso di mentire a se stesso e ai suoi genitori.

## *L'allenatore emotivo*

Come abbiamo visto, il genitore ha un ruolo fondamentale nella crescita emotiva della figlia o del figlio: volendo semplificare possiamo dire che deve imparare a essere un buon «allenatore emotivo». Allora, ricordiamo, mettiamoci nei loro panni, nelle emozioni cerchiamo di vedere sempre un'opportunità di crescita e gestiamo i momenti di crisi con pazienza. Gli studi condotti da Goleman, nel 1995, hanno evidenziato che i figli «emotivamente allenati» vanno meglio a scuola, sono più in salute, hanno relazioni migliori con i coetanei e, in generale, sono più forti rispetto alle sfide della vita. Le emozioni hanno un ruolo fondamentale nella crescita dei nostri figli: dunque, individuarle e gestirle è centrale nel nostro percorso educativo. L'obiettivo è aiutarli a divenire «emotivamente intelligenti».

Partiamo, dunque, da noi stessi. Alleniamo prima noi stessi. Se siamo capaci di riconoscere e gestire le nostre stesse emozioni, allora saremo più facilmente un modello credibile per i nostri figli. Allora, prima di tutto, guardiamo da vicino le emozioni senza giudicarle (né le nostre, né quelle dei nostri figli); subito dopo, cerchiamo di gestire le emozioni con equilibrio, superando il caos, guidando verso la calma.

Un allenatore emotivo, quindi:

- Accoglie le emozioni del bambino, sempre.
- Non minimizza e non giudica.
- Mostra che tutte le emozioni sono legittime, si possono provare e attraversare con rispetto.

In questo modo insegniamo al bambino che le emozioni si «allenano». E che lo facciamo insieme.

## *La chiave per conoscersi*

Educare nostra figlia, nostro figlio a gestire le emozioni, come abbiamo visto, è un percorso da coltivare e rinnovare ogni giorno. Un compito di sicuro sfidante, ma pure una bellissima esperienza di vita: aiutare un figlio a comprendere quello che sente significa regalargli una chiave per conoscere se stesso e il mondo. Con molta pazienza, mettendo in campo tutto il nostro amore, affiancandoli nelle difficoltà invece di zittirli o sgridarli, offriamo loro autonomia e libertà. Dobbiamo essere presenti, coerenti e pronti a camminare con loro. Solo così imparano a fidarsi, ad aprirsi a noi e alle relazioni con gli altri.

**ORA TOCCA A TE**

Leggi o racconta storie a tuo figlio e ogni tanto soffermati per farlo riflettere sulle emozioni dei personaggi. E con i più grandi prendi spunto dalla cronaca per sensibilizzare su certi temi e per promuovere l'empatia, chiedi: «Secondo te, quella ragazza come si sarà sentita?». Stimola tua figlia, tuo figlio a proporre soluzioni o a immaginare come si sarebbe potuta sentire se fosse capitato a lei o a lui.
In questo modo aiuti i figli a mettersi nei panni degli altri, ma anche a sviluppare capacità di ascolto e problem solving.

# 7
# S.O.S. sfide educative

Essere genitore, come ben sappiamo, è una sfida continua. A maggior ragione se pensiamo a un mondo in continuo e rapido mutamento, in cui tutto viene «superato» e trasformato in tempi brevissimi, rendendo a volte arduo stare al passo.

La community di voi genitori che mi seguite sui social diventa sempre più viva e partecipe e ogni giorno ricevo aggiornamenti su quelle che considerate le fatiche più sfidanti. Sono molto grata per questi stimoli che mi offrite.

Vivere in un mondo «iperconnesso», in cui emergono continuamente nuove richieste ed esigenze, chiede a noi genitori di avere flessibilità ma anche la capacità di trovare punti fermi e sviluppare strategie educative per affrontare la quotidianità.

In questo capitolo voglio affrontare alcuni aspetti che ci mettono in crisi, partendo proprio dalle difficoltà di cui mi raccontate. È ascoltandovi che tocco con mano i bisogni della genitorialità di oggi.

Arrivo al dunque. La gestione dello smartphone e del digitale, i compiti a casa e l'adolescenza 3.0 di sicuro rappresentano situazioni su cui a volte si mette in discussione il rapporto genitori-figli e su cui dobbiamo invece trovare un terreno comune, fatto di ascolto reciproco, fiducia e rispetto. Nel mondo contemporaneo lo scenario è in rapida trasformazione, i genitori si trovano a rincorrere modelli e strategie educative in cerca di solidi appigli utili per gestire le difficoltà. Attraverso questi momenti fondamentali per la crescita di una figlia, di un figlio, entrano in campo dinamiche relazionali e generazionali, tecniche educative, e anche situazioni di fatica. Vediamo allora come fare.

## EDUCHIAMO AL DIGITALE!

Ormai da alcuni decenni l'universo del digitale è entrato in maniera decisa nelle nostre vite, trasformandole del tutto. Computer, smartphone, tablet, videogiochi e dispositivi vari sono di uso comune, spesso anche insostituibili, e aprono a un mondo di innegabile fascino con connessioni in tempo reale, possibilità di conoscere ed esplorare senza limiti, grandi facilitazioni nel lavoro e nello studio. È cambiato il modo di comunicare, *in primis*, ma anche il modo di apprendere, di informarsi, di fruire l'intrattenimento e una serie infinita di altre cose. Tutto questo è altamente impattante, soprattutto sulle nuove generazioni che vivono in un mondo «iperconnesso». I *digital natives* (nativi digitali, dal termine coniato nel 2001 da Marc Prensky) che sono nati appunto nel mondo già trasformato dal digitale e conoscono in maniera quasi istintuale vari aspetti legati alla tecnologia, secondo studi recenti, però, non maneggiano competenze fondamentali di alfabetizzazione digitale (per esempio, riconoscimento di bias e fonti attendibili) e non sanno tutelare la propria privacy online. Virtuale e reale ormai sono intrecciati e tutto ciò che avviene online ha effetti concreti nel quotidiano. EDUCARE AL DIGITALE LE NOSTRE FIGLIE E I NOSTRI FIGLI, QUINDI, È UNA DELLE PIÙ IMPORTANTI SFIDE CONTEMPORANEE, UN'URGENZA CHE NON POSSIAMO PROCRASTINARE.

Educare al digitale significa accompagnarli in un percorso di consapevolezza, aiutarli a sviluppare senso critico e a usufruire degli innegabili vantaggi della tecnologia imparando però a riconoscerne i rischi. È essenziale spiegare tutto ciò ai nostri figli, farli entrare gradualmente nelle infinite sfaccettature – divise tra quello che è sicuramente utile e quello che è decisamente dannoso – di uno strumento oggi imprescindibile. È essenziale sostenerli nel diventare «cittadini digitali» consapevoli, in grado di fronteggiare fake news, dipendenza e cyberbullismo.

Ma questo vuol dire che io genitore devo essere un esperto digitale?

No, per ben svolgere il nostro ruolo di educatori non dobbiamo certo avere competenze digitali approfondite, ma saper promuovere un uso consapevole del digitale, questo sì, in modo da dare il buon esempio, tenendo presente che la Società italiana di pediatria (SIP) include tra le competenze dei genitori proprio la gestione e la corretta trasmissione di tali informazioni ai figli.

Dunque, si tratta di una questione complessa e sfidante, che tocca molteplici aspetti della crescita di una bambina, di un bambino.

Spesso tendiamo a dare una connotazione negativa al mondo tecnologico, al mondo digitale, ma ci siamo dentro, siamo immersi nella tecnologia: quindi cerchiamo noi stessi di dare allo strumento una funzione educativa che favorisca connessioni autentiche, conoscenza e responsabilità, anziché dipendenza o uso passivo. È dunque fondamentale trasformare questa immersione in un'occasione di crescita condivisa e consapevole, per utilizzare gli strumenti che la tecnologia moderna ci offre, ma anche e soprattutto per capirli, valutarli e impiegarli a nostro vantaggio. Dobbiamo educare i nostri figli alla gestione dello smartphone per il suo reale impiego: cogliamo questa sfida come un'opportunità per costruire un'alleanza educativa con i nostri figli. LA CHIAVE NON È VIETARE, MA GUIDARE, E QUANDO NECESSARIO AFFIANCARE E SUPERVISIONARE. Sappiamo bene che attraverso il digitale i nostri figli possono essere esposti a contenuti non adatti alla loro età. Senza una attenta supervisione, un ragazzino lasciato libero di navigare in rete può vedere scene di violenza, o comunque scene sensibili.

Quindi certi «no» anche per l'uso del digitale vanno dati.

Ogni giorno sui miei social leggo messaggi di genitori che mi confidano la fatica che fanno nella gestione del tempo che i figli trascorrono con lo smartphone. Dimmi la verità, se hai concesso l'uso dello smartphone, come sta andando? Tuo figlio riesce a darsi degli stop e a usare il telefono secondo le regole che gli hai dato? Lo so, lo so, non è per nulla facile. Sento già la tua domanda: «Visti gli innumerevoli rischi di una fruizione libera, cosa posso fare?». Partiamo dal fatto che ormai è anacronistico vietare l'uso dei dispositivi elettronici tout court, sapendo che la tecnologia è già nel loro mondo e educarli a un uso consapevole è più efficace che proibire. Inoltre, non possiamo ignorare gli indubbi vantaggi di una corretta fruizione del digitale.

Ma quindi è possibile educare il figlio a un uso corretto e consapevole del digitale? Certo che sì, ma dobbiamo farcene carico.

Oggi si attribuisce al digitale tutta la responsabilità di certe fatiche educative. Ma è sull'approccio educativo che dobbiamo concentrarci. Dire «il problema sono gli smartphone» deve essere cambiato con «occuparci dell'educazione digitale è necessario quanto urgente!».

Il digitale può diventare anche occasione per creare un dialogo all'interno delle famiglie, per scambiare idee e riflessioni su quello che si vede e si legge in rete. I ragazzi, supportati dai genitori, anche attraverso il digitale possono sviluppare il pensiero critico, perché imparano, per esempio, a individuare le fake news, ad analizzare quello che leggono, a decifrare quello che vedono. Imparano anche l'importanza di uno strumento come l'Intelligenza Artificiale (IA) che non deve sostituire lo studio o il ragionamento critico e il lavoro personale.

L'IA può certamente essere uno strumento valido per i ragazzi, ma vanno aiutati a utilizzarlo senza subirlo passivamente. Guidarli in questo percorso, significa rimettere al centro l'educare perché il nostro intervento non è solo informativo, ma formativo: dobbiamo tenere presente che l'obiettivo è renderli capaci di fruire di queste opportunità in maniera responsabile e sicura.

Allora, non demonizziamo il digitale, non demonizziamo la tecnologia, riconosciamone le potenzialità ma poniamo regole chiare, rimaniamo aperti al confronto con le figlie e i figli, invitiamoli a chiedere aiuto se vedono qualcosa che non è adatto a loro, qualcosa che li preoccupa o li spaventa, sapendo che possono trovare sempre ascolto e appoggio in noi.

CONCLUDENDO, LO SMARTPHONE NON È UN PROBLEMA IN SÉ, IL PROBLEMA È L'USO CHE SE NE FA.

La scelta deve essere educare! Un buon ingresso nel mondo del digitale è usare lo smartphone come strumento condiviso all'interno della famiglia; in seguito, passato il periodo di rodaggio e di sperimentazione, che è inevitabilmente differente per ogni figlia e figlio, quando dimostrano una certa maturità e di saperlo utilizzare in maniera responsabile e corretta, magari in corrispondenza della scuola secondaria, si può pensare di fornirli di smartphone personale.

Diciamolo chiaramente: lo smartphone non può essere il regalo della comunione! È molto importante non anticipare i tempi e quindi impariamo a dire «No, grazie» a questo tipo di dono. Così come dobbiamo tenere presente molto bene che il digitale non deve funzionare come «disattivatore delle emozioni».

♦ *Licia, quattro anni, quando vive momenti di rabbia o sconforto viene «distratta» dai genitori con la visione di video di gattini che la placano e la fanno sorridere. I genitori proprio non tollerano quando la bambina piange.*

Questo atteggiamento nel tempo diventa pericoloso perché non legittima e non valida le emozioni che, come abbiamo visto, sono invece molto importanti per lo sviluppo armonico della personalità. Disattivarle, dunque, ha un effetto devastante. Lo ribadiamo, i figli così imparano che esistono emozioni da non provare, che devono essere nascoste o ignorate. In questo modo non sviluppano gli strumenti per riconoscerle, gestirle e integrarle: crescono con un vuoto emotivo. SPEGNERE LE EMOZIONI CON UNO SCHERMO SIGNIFICA TOGLIERE VOCE A UNA PARTE DI SÉ. DIVENTA INVECE NECESSA-

RIO CRESCERE I NOSTRI FIGLI CON UNA COMPLETA ALFABETIZZAZIONE EMOTIVA E CON LA CERTEZZA CHE OGNI EMOZIONE DEBBA ESSERE CONTEMPLATA.

## *Come educare al digitale*

Nel 2018, sulla rivista *Italian Journal of Pediatrics*, la SIP ha lanciato l'allarme sui rischi per la salute psicofisica dei bambini da zero a otto anni (con danni sul sonno, la vista, il fisico e lo sviluppo cognitivo) derivanti da un uso incontrollato e senza regole dei dispositivi digitali, raccomandando un uso limitato a un'ora al giorno, per bambini da due ai cinque anni, o al massimo due per bambini dai cinque agli otto anni. Nel 2019 e nel 2022 la SIP ha poi sottolineato come i rischi crescano con l'aumento del tempo trascorso online, registrando casi di ansia e depressione, disturbi alimentari e comportamentali.

Vediamo come educare al digitale in maniera corretta.

- Innanzitutto, valutiamo attentamente l'età di un figlio prima di dargli in mano lo strumento digitale anche se per poco tempo (sicuramente le indicazioni della SIP possono venirci in aiuto).
- Da zero a tre anni non offriamo ai bambini e alle bambine la possibilità di usare il digitale.
- Proviamo a dare il buon esempio definendo regole anche per noi adulti (ricordiamo sempre che i figli imparano osservandoci): non usiamo lo smartphone durante i pasti, quando parliamo con i figli teniamo lontano la tecnologia, non usiamo il digitale per disattivare le emozioni o come intrattenimento dei figli quando non

abbiamo la possibilità di trascorrere del tempo con loro, prevediamo dei momenti di digital detox.

- Sì allo smartphone personale ma solo dopo un periodo di rodaggio.
- Creiamo un patto educativo digitale familiare (PEDF, come vedremo meglio più avanti).
- Niente divieti assoluti, ma regole condivise con indicazioni chiare, dai modi ai tempi di utilizzo del digitale.
- Spieghiamo i vantaggi e i rischi delle esperienze nel digitale, applichiamo sistemi di protezione e supervisione e affianchiamo i figli per aiutarli a un uso responsabile.
- Ogni tanto sediamoci accanto ai figli, occupiamoci anche della loro vita online, apriamo al dialogo prendendo spunto dalle esperienze del digitale.
- Partecipiamo a incontri sulla genitorialità con tematiche relative all'educazione digitale, alla sicurezza online e al bullismo-cyberbullismo.
- Educhiamo i figli alla riservatezza e al rispetto degli altri, insegniamo l'importanza di utilizzare password sicure e di proteggere la loro privacy.
- Chiediamo loro di esprimere i loro pensieri sull'uso eccessivo, sull'uso scorretto e sulle potenzialità della tecnologia per favorire lo sviluppo del senso critico.
- Commentiamo insieme un video o un articolo, creando occasioni di dialogo e confronto.
- Diamo spazio nella quotidianità dei figli a esperienze di un fare concreto, con attività manuali, attività sportive e creative, occasioni di incontro.
- Promuoviamo momenti esclusivi in cui ci connettiamo emotivamente in famiglia, mettendo in pausa il digitale, per esempio durante i pasti e prima di dormire, du-

rante i compiti. Promuoviamo un ascolto non giudicante, questo aiuterà i figli a raccontarsi.

- Offriamo spazio all'ascolto delle loro emozioni e all'empatia di fronte ai loro dubbi, anche nelle occasioni digitali; diamo loro la nostra disponibilità ad ascoltarli, diamo valore alle loro emozioni, aiutiamoli a leggere e comprendere le emozioni degli altri.

♦ *Brian, papà di Adam, semplicemente togliendo dal tavolo il suo smartphone si è reso conto di come il dialogo in famiglia sia migliorato, dando spazio ai racconti personali e a un clima più disteso.*

**ORA TOCCA A TE**

E tu quali dei punti sopra citati pensi possano esserti di aiuto? Scrivine uno su un pezzo di carta e per una settimana prova a metterlo in pratica. Prova a capire se questo piccolo cambiamento può essere di aiuto a te e alla tua famiglia.

In relazione a questo tema, mi rendo conto che tanti aspetti che promuovo non sono sempre così semplici da calare nella quotidianità. Questo perché il digitale ci impone uno sforzo nuovo: educare noi stessi. Mi preme dirti che educare al digitale ci obbliga a una riflessione preventiva, bisogna provare a guardare oltre il «qui e ora». Dobbiamo essere consapevoli che l'«iperconnessione» può inevitabilmente portare a delle problematiche: isolamento, dipendenza, disturbi dell'attenzione. Un recente studio del gruppo di ricerca Musa (Mutamenti sociali valutazioni e metodi) del Cnr-Irpps (Istituto di ricerche sulla popolazione e le politiche sociali del Consiglio nazionale delle ricerche) di Roma ha rilevato come l'iperconnessione vada a incidere sul benessere psicologico dei giovani.

Conoscere questi possibili sviluppi, avere uno sguardo rivolto al futuro, seguire i risultati di studi autorevoli al riguardo ci permette di intervenire per tempo, agendo proprio sulla prevenzione che è la base dell'educare. È importante, dunque, essere vigili, ma anche stabilire una linea di confine tra tutela e controllo dei figli: questo passaggio è altamente sfidante. Dobbiamo proteggerli, educandoli. E, strada facendo, li aiuteremo a diventare autonomi proprio perché consapevoli e responsabili nell'uso del digitale.

Partiamo, allora, dal patto educativo digitale condiviso.

## *Il «patto educativo digitale» della famiglia*

Anche in questo caso, dicevamo, fondamentali sono le regole. Regole specifiche, da riassumere nel nostro Patto educativo digitale familiare (PEDF), un accordo che ho creato per aiutare genitori e figli in questo percorso educativo, stabilendo le linee guida per un utilizzo consapevole e responsabile della tecnologia, una sorta di contratto tra genitori e figli con l'obiettivo di stabilire delle regole condivise e promuovere la consapevolezza sull'uso corretto del digitale.

Si parte da regole base chiare ed essenziali: «no» allo smartphone durante i pasti o mentre si fanno i compiti, «no» all'uso al mattino appena svegli o alla sera prima di andare a dormire (sicuramente questi «no» sono i più faticosi da far rispettare, quindi tali indicazioni devono essere sempre ricordate).

Ma quando e come potranno incontrare lo smartphone?

Prima dei tre anni, a mio parere, il divieto deve essere assoluto. E anche noi genitori dovremo provare a farne minor uso in loro presenza per poter offrire la nostra massima attenzione e non rendere l'oggetto così desiderabile.

Se tu genitore l'hai perennemente in mano diventa difficile trasmettere a tuo figlio l'idea che non sia un oggetto desiderabile.

A partire dalla scuola primaria si potrà iniziare, saltuariamente, a fare utilizzare loro il nostro smartphone per conoscere lo strumento, insieme agli altri device, e magari per condividere la fruizione di giochi scelti insieme o per la visione di video adatti alla loro età.

Per un dispositivo proprio se ne parlerà alla scuola secondaria. Prima, però, avrete concordato e sottoscritto il PEDF e il figlio farà una sorta di «rodaggio» per apprenderne l'uso corretto, evidenziando gli eventuali rischi. Parlate di ciò che la cronaca purtroppo ci offre ogni giorno in termini di prevaricazione, di cyberbullismo, di offese… Ditegli: «Secondo te come si può affrontare questa situazione? Quella ragazza offesa e messa alla gogna sui social come si può sentire? Se fossi una sua amica o un suo amico cosa faresti? Ti sei mai imbattuto in situazioni di pericolo in cui ti sei sentito ferito o magari ti sei sentito prevaricante?». Create uno spazio in cui il figlio possa sentirsi libero di raccontare sia le esperienze positive che quelle negative della sua vita online oltre che offline.

Cerchiamo anche di far conoscere le occasioni di arricchimento che il digitale può offrire. Raccontiamo anche l'uso che ne facciamo noi adulti, sviluppiamo nella figlie e nei figli il senso critico di una fruizione corretta del digitale. Facciamo loro capire a quante e straordinarie risorse possono avere accesso: contenuti educativi di qualità, app per la grafica, connessioni con familiari e amici lontani, piattaforme per progetti di gruppo, video, musica e tantissimo altro. Tutto questo va scoperto condividendo siti e app che già usiamo, motivando le scelte e gli obiettivi, aiutandoli a comprendere come queste conoscenze possano essere costruttive nella vita quotidiana.

Stabiliamo, quindi, fasce orarie precise e luoghi (per esempio la camera da letto) in cui l'uso dei dispositivi digitali è off-limits dopo una certa ora e limiti di tempo giornalieri o settimanali entro cui l'uso è consentito, in base all'età. Spieghiamo che non tutto va condiviso online, raccomandiamo di avere cura della loro privacy e impostiamo filtri per i contenuti, chiarendo che si tratta di misure di sicurezza per proteggerli, non per limitarli.

Gli obiettivi educativi del patto sono:

- SICUREZZA ONLINE: le regole condivise aiutano a fruire in maniera corretta il digitale, prevenendo anche i rischi.
- SVILUPPO DEL PENSIERO CRITICO: coinvolgendo la famiglia nella creazione del patto, si stimola nei figli la capacità di riflettere.
- CREAZIONE DI RELAZIONI EQUILIBRATE: stabilendo spazi per l'offline e il dialogo aperto si rende più armoniosa la vita del nucleo familiare.
- ADATTABILITÀ ALLE NOVITÀ DEL DIGITALE: adottando regole flessibili si garantisce che il patto sia sempre adeguato all'evoluzione del settore.

Qui di seguito trovi una bozza, che può essere riformulata, nei contenuti e nel linguaggio, in base alle esigenze della tua famiglia.

## Patto educativo digitale familiare

*Per un uso corretto e consapevole dello smartphone*

Nome figlio/a: ........................................

Nome genitore/i: ......................................

PREMESSA

Siamo consapevoli che i dispositivi digitali come smartphone e tablet sono parte integrante della vita quotidiana. Intendiamo perciò, come famiglia, fare dell'esperienza digitale un percorso educativo condiviso: sarà la nostra alleanza educativa all'insegna della sicurezza, del rispetto e del dialogo.

### Regole stabilite e condivise per la figlia/il figlio

**1. Proprietà e utilizzo.**
Lo smartphone è di proprietà della famiglia e viene affidato a te per un uso responsabile, secondo le regole concordate insieme.

**2. Pensa prima di agire.**
Ricorda che ciò che scrivi o condividi online può rimanere per sempre. Rifletti prima di postare, commentare o inviare messaggi.

**3. Rispetta la tua privacy e quella degli altri.**
Fotografa o riprendi te stesso o gli altri pensando sempre: «Questo può mettere in imbarazzo o offendere qualcuno?». Evita quindi di condividere contenuti che possano offendere o mettere in imbarazzo te stesso o gli altri.

**4. Proteggi i tuoi dati personali.**
Non condividere informazioni personali come indirizzo, numero di telefono, password o dati personali o familiari.

**5. Usa una comunicazione rispettosa.**
Utilizza un linguaggio gentile e rispettoso, sia online sia offline. Le parole hanno un impatto: scegli di usarle per costruire, non per ferire.

**6. Orari e luoghi di utilizzo.**
- Lo smartphone non va utilizzato durante i pasti o in camera da letto dopo le ore ____
- Lo smartphone durante i compiti potrà essere utilizzato solo ai fini didattici (fare ricerche con i compagni o compagne).
- L'orario di utilizzo consentito è dalle ______ alle ______. (Questi orari saranno definiti insieme in base alle esigenze familiari e al tuo senso di responsabilità.)

**7. Equilibrio tra vita digitale e reale.**
L'uso dello smartphone non deve interferire con il tempo dedicato allo studio, al sonno, alle attività fisiche o alle relazioni sociali offline. Insieme capiremo quali sono i plus e i rischi.

**8. Dialogo aperto.**
Se qualcosa ti turba o ti mette a disagio online, parlane con noi genitori. Non sarai giudicato, ma ascoltato e supportato.

**9. Prevenzione del bullismo e cyberbullismo.**
- Non partecipare a comportamenti offensivi o discriminatori offline ma anche online.
- Se sei testimone o vittima di bullismo, informaci immediatamente o chiedi aiuto a un insegnante.

**10. Aggiornamento delle regole.**
Questo patto potrà essere rivisto e aggiornato periodicamente, in base alla tua crescita personale, alla dimostrazione della tua responsabilità e alle nuove esigenze familiari.

## Impegno di noi genitori

- **Esempio positivo**
  Ci impegniamo a dare il buon esempio nell'uso della tecnologia: useremo smartphone e social in modo consapevole, per lavoro, per comunicare con amici o per informarci, ma senza mai sacrificare il tempo di qualità da dedicare a te. Qualora, strada facendo, dovessimo sbagliare, cercheremo di aggiustare il tiro.

- **Supporto, rispetto e ascolto**
  Siamo disponibili ad ascoltarti senza giudizio e a supportarti nell'affrontare eventuali difficoltà o inciampi legati all'uso dello smartphone.

- **Educazione e formazione**
  Ci impegniamo a continuare ad aggiornarci sui temi dell'educazione digitale per accompagnarti nel tuo percorso di crescita.

Con la firma di questo patto, ci impegniamo tutti a rispettare le regole e gli impegni sopra descritti, riconoscendo l'importanza di un uso consapevole e responsabile dello smartphone.
Questo patto è un percorso che faremo insieme, l'obiettivo per noi genitori è aiutarti a proteggerti... inizialmente ti accompagneremo noi, strada facendo capiremo quando è il momento che tu prosegua con più autonomia.
Sappi che se sbaglierai ci saremo comunque e ti ascolteremo e ti aiuteremo a riflettere su quanto accaduto, per capire come riprendere in mano il percorso in modo consapevole e costruttivo nel mondo digitale.

Firma, genitore/i.................... Firma, figlia/o ...................

**ORA TOCCA A TE**

Una sera a settimana stabilisci un momento di disconnessione familiare, dedicato alla lettura. Ognuno ha il proprio libro oppure, per più piccoli, un genitore legge per tutti.

## *I social network*

I social network rappresentano una rivoluzione a sé dentro la rivoluzione digitale. Quando parliamo del rapporto tra social network e ragazzi, oggi, non possiamo esimerci dal considerare gli studi e le ricerche emerse, le fatiche che i genitori raccontano nella gestione dei figli con il digitale e quanto abbiamo fatto per educarli a governare la loro presenza in questa nuova dimensione.

Già, se gli abbiamo lasciato in mano uno smartphone, probabilmente in età precoce, oggi iniziamo a vedere i risultati di certe concessioni senza una progettualità educativa. Ed è fisiologico percepirne eventuali rischi.

Leggendo i messaggi che mi scrivete mi confidate quanto l'uso dei social sia spesso oggetto di tensione in famiglia.

Questo capita per diversi motivi: prima di tutto quando non c'è stata un'adeguata educazione digitale preventiva, i ragazzi accedono ai social in età precoce senza rispettare l'età di riferimento delle piattaforme, e anche le indicazioni degli esperti, non vengono attivati filtri e strumenti di protezione, mentre i genitori sono disorientati rispetto a cosa fare realmente per offrire supporto ai figli...

Attraverso i social, il contatto con il mondo è estremamente facile e potrebbe diventare controproducente senza un adeguato supporto educativo. È necessario lavorare in maniera preventiva su temi chiave come uso responsabile e consapevole del digitale, sicurezza online: in questo modo si possono prevenire problematiche come dipendenza e cyberbullismo.

È inutile che ci giriamo intorno: spesso i nostri figli accedono alle piattaforme digitali senza alcuna indicazione e senza alcuna protezione. Bisogna insegnare alle ragazze e ai ragazzi che se aprono profili aggirando le regole potrebbero correre dei rischi. E spetta a noi genitori spiegare quali.

Credo che sarebbe utile promuovere percorsi formativi che possano fornire ai ragazzi una sorta di «patentino» che certifichi l'acquisita consapevolezza dell'uso del digitale e dell'uso dei social. Ma quello che possiamo fare come genitori è altrettanto importante, perché l'autorizzazione ad accedere ai social parte da noi.

Perdonami, so che può essere forte, ma è necessario: mettiamoci in discussione.

Dobbiamo capire che, in alcuni casi, se non giochiamo d'anticipo, a livello preventivo, i problemi sono destinati a diventare seri.

Allora, fermati un attimo e fai mente locale: quando è stata l'ultima volta che hai fatto una passeggiata con tua figlia o tuo figlio? E invece quando hai guardato i loro social insieme a lei o a lui non per controllarli, ma per capire come vivono il digitale?

Sono entrambe esperienze necessarie per conoscerli e di conseguenza educarli. Pressati da una quotidianità frenetica, spesso non troviamo lo spazio per questi momenti importanti. Ma basta poco per ritrovare un contatto autentico ed è nostro dovere agire sempre per tenere aperto il dialogo anche su ciò che accade loro nel virtuale. Perché se ci limitiamo a dialogare su ciò che vivono le nostre figlie e i nostri figli nella vita «reale» li conosceremo solo in parte. Ciò che vivono nell'online dovrebbe interessarci in egual misura ed essere motivo di attenzione.

Allora, parliamo con i nostri figli dei vantaggi e dei limiti dei social, del rispetto della privacy e degli altri. E, soprattutto, supervisioniamo i profili social a cui accedono!

- È sempre opportuno analizzare con attenzione gli studi e le ricerche che emergono perché possono offrirci degli stimoli su come orientarci dal punto di vista educativo.
- Sarebbe anacronistico pensare che il mondo dei social non rappresenti, almeno in parte, la vita dei nostri adolescenti.
- A volte i problemi che emergono nel mondo dei social sono la diretta conseguenza di un'assenza educativa digitale.

Dunque, se vogliamo che i figli e le figlie sostino in maniera equilibrata e corretta sui social bisogna:

1. Partire sempre dall'educare a un uso corretto e responsabile del digitale.
2. Rispettare la data di iscrizione a un social. Per esempio su Instagram prima dei tredici anni (a oggi) non è possibile iscriversi, quindi se vogliamo che loro rispettino le regole durante l'utilizzo della piattaforma diamo il buon esempio anche noi adulti, perché se concediamo loro di sviare le regole capiranno che quello è un luogo in cui tutto è lecito.
3. Valutare l'età di un figlio non solo dal punto di vita

anagrafico, ma cercando di capire dal livello di maturità di un figlio se è in grado di sostare sui social.
4. Stabilire insieme cosa si può fare e cosa no (rivedere periodicamente il Patto educativo digitale integrandolo). Stabilire regole chiare.
5. Usare i filtri di protezione previsti dai social (su Instagram esistono gli account per teenager).
6. Valutare strada facendo l'uso che il figlio ne fa e di conseguenza inserire eventuali accortezze educative.
7. Prevedere occasioni in famiglia in cui si dialoghi su limiti, privacy, web reputation, rispetto...
8. Stimolare i figli a vivere i social network come spazio positivo, creativo e consapevole.

In un recente studio dell'Università di Palermo, condotto analizzando l'uso di Instagram e TikTok, nell'arco di sei mesi, da parte di oltre quattrocento ragazzi di quindici e sedici anni, si sottolinea come il mondo online sia ormai parte della vita degli adolescenti e contribuisca alla loro formazione e alla loro identità. Dai dati è emerso che il fattore di maggior rischio non è tanto il tempo trascorso connessi, quanto il modo di fruire i social e l'assenza della famiglia. Quindi diventa fondamentale il modo in cui vengono utilizzati! I maggiori rischi, dunque, li corrono gli adolescenti che non hanno il supporto della famiglia o di adulti di riferimento.

Trovo questo studio particolarmente significativo. Ci porta alla conclusione che i social non vanno demonizzati, ma vanno usati in maniera corretta, soprattutto con la nostra supervisione. I social sono ambienti in cui le ragazze e i ragazzi costruiscono relazioni, identità e sguardi sul mondo. Quindi anziché vietarne l'uso, inducendoli ad aprire profili di nascosto, guidiamoli a fare la differenza.

PER ESEMPIO INVITIAMO NOSTRO FIGLIO A PORTARE CONTENUTI DI VALORE CHE LO APPASSIONANO, A CONDIVIDERE IDEE O PROGETTI CREATIVI, ESPERIENZE CULTURALI, CAPACI DI ISPIRARE E PROMUOVETE IN FAMIGLIA IL DIALOGO SU CIÒ CHE VEDONO E PUBBLICANO.

Non rimandiamo il nostro impegno in quest'ambito educativo così importante! A volte possiamo sembrare quasi reticenti, come se temessimo di invadere uno spazio privato dei nostri figli. Riuscire a bilanciare i nostri interventi non è semplice ma è necessario. C'è differenza tra intrusione (controllo eccessivo, *overparenting*) e supervisione. Il controllo eccessivo rischia di far sentire i figli sotto una sorveglianza continua e riduce la loro capacità di sviluppare autonomia e responsabilità. Un approccio di accompagnamento e di supervisione aiuta invece ad agire in sicurezza e piano piano gli insegna a gestirsi da soli.

Sono Ambassador per Meta in Italia e il mio compito è proprio quello di prendermi cura dei genitori per educare e proteggere i loro figli nel mondo dei social: in particolare, si tratta di aiutarli a relazionarsi con i figli in rapporto al digitale, evitando di apparire invadenti ma al tempo stesso essere presenti; di sensibilizzarli sull'importanza di un supporto costante e non solo nell'emergenza; sulla necessità di una formazione puntuale per sviluppare competenze digitali; sull'uso consapevole degli strumenti di cui Meta dispone per rendere sicura l'esperienza del digitale.

Conoscenza dello strumento, educazione digitale, utilizzo sicuro sono i capisaldi di una fruizione corretta dei social network, partendo dall'infanzia, sia in famiglia sia a scuola. Il compito dei genitori è fare da guida, come in tutti gli altri ambiti della quotidianità, fornendo insegnamenti, regole e attenzioni. Solo così rendiamo i nostri figli cittadini consapevoli e responsabili del mondo contemporaneo, web compreso.

Tutte le indicazioni date per il digitale diventano necessarie e sono la base sicura per accedere al mondo social. Instagram, nel 2025, ha lanciato gli account per teenager, prevedendo una serie di funzioni volte a proteggere gli adolescenti online. Ma questo non ci esime dal nostro ruolo di genitori, anzi rinforza l'importanza del dialogo con i figli. In famiglia ci si occupa dei figli non solo nel mondo offline, ma anche online. Vediamo alcune azioni che possono aiutarci.

1. ESPLORARE INSIEME
   Guarda insieme a tuo figlio il feed o la sezione «Esplora», parlate insieme dei contenuti.
2. VISIONARE GLI «AMICI»
   Chiedi con chi ha maggiori contatti, parlate dei rapporti di amicizia online e nella vita reale.
3. PENSARE PRIMA DI POSTARE
   Digli di fare attenzione a cosa propone online, alle foto, alle storie e ai commenti, ricordandogli che si tratta di azioni che vedono tutti e che pubblicare deve essere fatto riflettendo.
4. GESTIRE IL TEMPO
   Confronta le ore che tuo figlio passa sui social con quelle che dedica alle altre attività come studio, sport, amicizie e cerca di trovare con lui un equilibrio.
5. S.O.S. SICUREZZA
   Impostate insieme la privacy dell'account: chi può vedere i contenuti, chi può commentare, chi può inviare messaggi, come bloccare account non graditi.

6. PARLARE DELLE EMOZIONI E DEI PENSIERI LEGATI AI SOCIAL
   Parlate di come si sente dopo aver passato del tempo sui social: se si è divertito, se si è sentito inadeguato o a suo agio.
7. INCORAGGIARE L'AUTENTICITÀ
   Spiegagli che il vero valore sta nell'essere se stessi e che non deve imitare nessuno e neppure inseguire la perfezione.

**ORA TOCCA A TE**

Proponi un momento di confronto digitale in cui ogni componente della famiglia apre l'app dei social per un certo lasso di tempo e subito dopo ci si dice cosa ha visto ognuno. Video? Pagine di creator? Novità? Altro? Infine ciascuno spiega la propria scelta, provando a dire cosa ha catturato la sua attenzione. L'obiettivo è riflettere tutti insieme su come i social entrano nelle nostre vite e come renderli davvero un'occasione di scoperta e crescita personale.

## Cosa sta facendo Meta per aiutare i genitori nella guida alla sicurezza online dei loro figli

*di Alessio Cimmino,*
*Head of Communications Italy & Greece @Meta*

Negli ultimi anni, Meta ha sviluppato oltre cinquanta strumenti per promuovere la sicurezza su Instagram. Funzioni come la gestione del tempo online, il controllo dei contenuti visualizzati e la modalità «non disturbare» sono state pensate per supportare soprattutto adolescenti e genitori nel costruire un rapporto sano con il digitale.

Ma l'evoluzione più importante è rappresentata dagli ACCOUNT PER TEENAGER: un'esperienza dedicata agli utenti tra i tredici e i diciassette anni, progettata per offrire protezioni rafforzate e facilitare il ruolo educativo dei genitori. Questi account prevedono impostazioni predefinite più restrittive, come il profilo privato, limitazioni nei messaggi diretti (che si possono ricevere solo da chi si conosce), contenuti sensibili filtrati automaticamente, restrizioni sulle menzioni e promemoria per gestire il tempo trascorso sull'app.

Nella fascia tredici-quindici anni QUALSIASI MODIFICA ALLE IMPOSTAZIONI DI SICUREZZA PUÒ AVVENIRE SOLO CON IL CONSENSO ATTIVO DI UN GENITORE, che deve collegare il proprio account a quello del figlio tramite la funzione «Supervisione genitori». Questo non significa «controllo totale», ma accesso mirato a elementi chiave relativi all'utilizzo di Instagram da parte dei ragazzi.

Questa soluzione è pensata per aiutare i genitori ad avviare un dialogo aperto e costruttivo con i propri figli. Gli esperti di educazione digitale concordano: IL MODO PIÙ EFFICACE PER ACCOMPAGNARE I RAGAZZI ONLINE NON È IL DIVIETO, MA LA CONVERSAZIONE. Darsi delle regole insieme, comprendere come funzionano gli strumenti digitali, sapere quando intervenire. E proprio da qui nasce l'idea di un parental control che sia anche uno spazio educativo, dove la tecnologia diventa un alleato per genitori e figli.

Stiamo vivendo un momento storico di grande attenzione pubblica e istituzionale verso la sicurezza dei minori online. In Europa, così come in altri Paesi, sono in discussione numerose proposte di legge che introducono limiti e divieti, spesso focalizzandosi sull'età minima per accedere ai social network. Ma IL RISCHIO DI AFFIDARSI UNICAMENTE A DIVIETI FORMALI È CHE I RAGAZZI CERCHINO DI AGGIRARLI, rivolgendosi a strumenti meno regolamentati, meno trasparenti e potenzialmente più pericolosi. Come Meta, riteniamo che UN APPROCCIO PIÙ EFFICACE SIA QUELLO DI DARE AI GENITORI STRUMENTI CONCRETI CHE VALGANO PER TUTTE LE APP UTILIZZATE DAI RAGAZZI, NON SOLO I SOCIAL. PER QUESTO ABBIAMO PROPOSTO A LIVELLO EUROPEO UNA NORMA CHE DIA AI GENITORI LA POSSIBILITÀ DI APPROVARE – DIRETTAMENTE A LIVELLO DI APP STORE – LE APP SCARICATE DAI MINORI DI SEDICI ANNI. È un cambio di prospettiva: invece di chiedere a ogni singola app di verificare l'età, si sposta il controllo «alla fonte», ossia quando al ragazzo viene consegnato lo smartphone dal genitore, affidando questa informazioni a livello di sistema operativo e app store. In questo modo, si può chiedere un consenso del genitore nel momento esatto in cui il ragazzo scarica un'app sul suo smartphone. Un approccio particolarmente importante in un contesto in cui i teenager usano oltre 40 app a settimana: social, giochi, app di intrattenimento, editing e utility. Per questo è fondamentale che questa proposta venga recepita a livello UE, con regole comuni che permettano alle piattaforme globali di garantire protezioni efficaci, scalabili e armonizzate nei diversi Paesi europei. Per i genitori, non è più questione solo di «quanto tempo» i figli passano online, ma *come, con chi, e attraverso quali strumenti*. Meta sta cercando di rendere tutto questo più comprensibile, gestibile e condivisibile, in modo da semplificare il più possibile la vita dei genitori.

## I COMPITI SCOLASTICI

Una sfida educativa che spesso i genitori mi riferiscono è la gestione dei figli durante il momento dei compiti. Spesso i figli si dimostrano disinteressati oppure chiedono continuamente aiuto ai genitori perché in difficoltà nello svolgere un'attività o nell'organizzazione degli stessi; inoltre, in molti mi raccontate che di fronte alla mole di compiti i vostri figli si scoraggiano e così ha inizio un estenuante braccio di ferro tra genitori e ragazzi.

Diciamolo una volta per tutte: sono fortemente convinta che i compiti non debbano appesantire le giornate delle figlie e dei figli, perché l'apprendimento necessita di gioia. Sì, hai capito bene, di gioia!

Daniela Lucangeli, psicologa, docente di Psicologia dello sviluppo dell'Università di Padova e grande studiosa delle neuroscienze, ci aiuta, con interessantissimi articoli, video e libri, a mettere a fuoco quanto emozioni e apprendimento siano profondamente interconnessi tra loro. In seguito ai nuovi studi è possibile affermare che tutto ciò che noi apprendiamo a livello cognitivo è anche strettamente legato alla sfera emotiva. Ogni volta che acquisiamo qualcosa, infatti, accanto ai meccanismi di memoria e attenzione si attivano anche emozioni. Viene da sé, dunque, che è fondamentale il contesto emotivo in cui il bambino apprende e non solo la modalità didattica con cui lo fa. La professoressa Lucangeli parla di veri e propri cortocircuiti emozionali per identificare «situazioni di difficoltà emotiva, paura e dolore che rendono difficile l'apprendimento, in particolare in chi abbia un'infanzia problematica». Se il bambino quando studia sperimenta paura e colpa, insieme alle nozioni fisserà nella sua mente anche quelle emozioni negative associate, creando blocchi e difficoltà che lo porteranno a sviluppare un forte senso di inadeguatezza che potrebbe accompagnarlo in tutto il percorso di studi. Se, invece, il bambino apprende con gioia, in un clima caldo a livello emotivo, basato su affettività e amore piuttosto che su punizioni e severità, fisserà nel cervello quelle nozioni didattiche insieme alle emozioni positive. L'attivazione di tali emozioni favorirà la creazione di ricordi più duraturi e sarà predittore anche di migliori risultati scolastici.

**ORA TOCCA A TE**

Prova a ripensare a un'esperienza scolastica che sia stata per te occasione felice di apprendimento. Magari in un'atmosfera speciale, dove curiosità e affetto erano al primo posto. Ti ricordi come è nata quella «scintilla» di scoperta? Ti ricordi quel giorno in cui, anziché sentirti sotto esame, ti sei sentito incoraggiato e motivato? Prova a raccontare a tua figlia, a tuo figlio dove ti trovavi, quale argomento stavi imparando, come ti sentivi...

Per favorire l'apprendimento è necessario, dunque, che vi sia innanzitutto un'esposizione del bambino a stimoli nuovi che gli permettano di vedere cosa può imparare e quali sono le opzioni che ha dinanzi. Se questi stimoli, però, a volte risultano troppo faticosi, è necessario che l'insegnante, l'educatore, il genitore, o chiunque si stia prendendo cura di lui in quel momento sia d'aiuto senza però sostituirsi a lui. Solo in questo modo il bambino potrà sperimentare la propria competenza e raggiungere un obiettivo che sia realmente suo e non di altri.

Pertanto non dobbiamo sostituirci ai figli, ma inizialmente è necessario aiutarli nella gestione dei compiti dal punto di vista organizzativo.

Vediamo cosa possiamo fare. Ti lascio il mio decalogo, prendi quello che senti anche tuo.

1. AUTONOMIA: non sostituiamoci ai nostri figli, aiutiamoli a fare da soli e promuoviamo autonomia e responsabilità. Questo non vuol dire che rispetto a delle situazioni di fatica il genitore deve voltarsi dall'altra parte, ma deve sapere dosare la sua presenza, anche in accordo con le indicazioni degli insegnanti, senza fare le cose al posto suo. È fondamentale esserci, ma senza sostituirci. Tradotto: i compiti devono farli le figlie, i figli.
2. CLIMA SERENO: creiamo un clima il più possibile sereno. La nostra calma sortisce grandi effetti. Ricordiamoci che la calma si trasmette… tanto quanto l'agitazione e l'ansia!
3. AMBIENTE: scegliamo un ambiente silenzioso e fresco. Tv e radio spenti!
4. POSTAZIONE: predisponiamo la scrivania o il tavolo sgombro di tutto, tranne i libri, gli astucci necessari e un bicchiere d'acqua. Tecnologia a portata di mano solo se utile ai fini scolastici.
5. ROUTINE E PLANNING: creiamo una routine, un planning per l'organizzazione e la definizione di quando fare i compiti (nel periodo di vacanza definire giorni, orari, così da distribuire la giusta quantità di compiti lungo tutto il periodo).
6. SPERIMENTAZIONE ED ERRORE: incoraggiamoli a fare, a sperimentare ma poi non interveniamo su ogni singolo aspetto, lasciamoli sbagliare. Riconosciamo valore ai loro sforzi.

7. MOTIVAZIONE: motiviamoli quando necessario, sottolineando l'importanza dello studio e dell'apprendimento. Il piacere e la passione hanno un valore incredibile. Allontaniamo gli imperativi: «Fai, muoviti, scrivi...!!!».
8. AFFIANCAMENTO E SUPPORTO: lasciamo che facciano in autonomia il più possibile, interveniamo solo con frasi di incoraggiamento. Se necessitano di un affiancamento (qui basatevi sulle indicazioni degli insegnanti) cerchiamo di offrire loro un supporto di rilettura delle consegne e aiutiamoli nella comprensione dell'attività senza farlo al posto loro. A volte anche solo stargli vicino per dare il via ai compiti può essere d'aiuto.
9. ASSENZA DI GIUDIZIO-GRATIFICAZIONE: facciamo sì che la nostra presenza sia positiva, senza giudizi, senza paragoni lasciandoli liberi di sbagliare e quindi di imparare veramente. Gratifichiamoli senza eccedere, riconosciamo il buon lavoro svolto perché è prezioso per la loro motivazione e autostima.
10. PAUSE RIGENERATIVE: prevediamo delle pause brevi e attive (stretching, giochi brevi o un piccolo spuntino). Aiutano per caricare l'energia e l'attenzione.

Fare i compiti al posto dei figli, invece, è controproducente. Vediamo perché.

1. Crea dipendenza dall'adulto, non li aiuta a sviluppare autonomia.
2. Li fa sentire incapaci, mina la loro autostima.
3. Percepiscono che l'adulto non ha fiducia nelle loro capacità.
4. Non li responsabilizza e non li educa alla fatica.

5. Trasmette loro un'idea di perfezione che non è reale.
6. Non li educa ad accettare l'errore e impedisce di apprendere da esso.
7. Non li aiuta a sviluppare il problem solving.
8. Non li porta ad attivare abitudini di organizzazione.

Aiutiamoli a fare da soli, con la nostra presenza discreta se necessario, questo significa aiutarli a sviluppare tutte quelle competenze di cui abbiamo parlato: autonomia, responsabilità, resilienza.

Altro argomento spinoso su cui spesso ci confrontiamo sui miei canali è: compiti a casa, sì o no? Bella domanda!

L'Oms (Organizzazione mondiale della sanità), sulla base di studi e ricerche a riguardo, sostiene che i compiti a casa non sono di aiuto, anzi, aumentare i compiti non porta ad aumentare anche il sapere. Diversi Paesi, in testa la Finlandia che ha gli studenti migliori d'Europa, hanno già scelto di non dare compiti a casa. Sulla stessa linea è Maurizio Parodi, pedagogista e dirigente scolastico, autore del libro *Basta compiti! Non è così che si impara*, dove sottolinea l'importanza di dare compiti solo se davvero necessari, se davvero utili. E anche il ministro dell'Istruzione e del Merito, Giuseppe Valditara, con la circolare del 28 aprile 2025 (che richiama il DPR n. 275/1999), ha invitato i docenti a calibrare le verifiche in classe e i compiti a casa: «La scuola è il contesto educativo che deve creare le condizioni di serenità e fiducia per lo sviluppo armonico della personalità di tutti gli studenti. Una corretta notazione dei compiti, oltre che sul registro elettronico anche sul diario personale/agenda degli studenti, soprattutto nel primo ciclo di istruzione ma non solo, potrà consentire una crescente autonomia da parte degli alunni nella gestione dei propri impegni scolastici».

Si tratta di fonti autorevoli, che forniscono indicazioni importanti: credo sia bene prestarvi la massima attenzione, condividendone contenuti e obiettivi. Di certo il programma scolastico prevede materie e temi che meritano di essere ripresi a casa, ma senza eccessi: certi apprendimenti devono lasciare spazio alla riflessione, alla maturazione degli argomenti stessi. Quindi via libera durante l'anno scolastico ai compiti scolastici ma solo se necessari e con grande attenzione alla quantità: ogni docente dovrebbe tenerlo ben presente. Nella mia carriera da insegnante ho sempre cercato di calibrare le richieste anche sulla base della restituzione dei ragazzi. Spesso mi capita di dire loro: «Bambine/i, ditemi se riuscite a svolgere i compiti senza compromettere le altre attività che sono altrettanto importanti». Sono sempre loro la mia cartina tornasole.

Ho provato in questi trent'anni di insegnamento a lavorare tenendo uno sguardo attento sulle bambine, sui bambini e, di fronte ai loro bisogni e alle loro eventuali difficoltà, mi sono trovata a rivedere il percorso e prodigata per aggiustare il tiro. Perché, se è vero che ogni bambino è a sé, è altrettanto vero che ogni gruppo è un nuovo equilibrio da conoscere, pianificare e costruire. E questo vale pure in tema di compiti: dobbiamo sempre valutare e cercare di operare la scelta migliore per gli allievi.

In linea di massima ritengo sia importante attenersi alle ricerche per orientare il nostro intervento come insegnanti. E, se devo dirla tutta, penso che caricare di compiti gli studenti sia davvero controproducente. Bambini e ragazzi hanno bisogno di apprendere in maniera coerente, senza inutili ripetizioni, magari attraverso ore dedicate a esercizi sempre uguali. L'apprendimento deve avvenire in classe. Il tempo fuori deve servire a interiorizzare quanto appreso e a nutrire riflessioni e spazi personali, senza altri carichi.

Lo studio deve accrescere la conoscenza, ma anche sviluppare spirito critico, curiosità e creatività. E, per dare spazio allo sviluppo di queste abilità, i compiti a casa vanno gestiti con un approccio equilibrato. Ci sono poi fasi dell'anno scolastico in cui il programma magari richiede un maggiore impegno a casa: allora, sarà l'insegnante a chiarirlo in classe e a chiedere uno sforzo ulteriore, limitato nel tempo, come in una sorta di «patto educativo» tra docente e studenti. In questo modo l'esigenza didattica viene condivisa, compresa e, quindi, accettata dagli alunni con maggior senso di responsabilità. La scuola non apparirà quindi come luogo delle regole rigide e costrittive ma del costruire insieme.

Vediamo però il caso dei compiti delle vacanze. Qui credo si debba ragionare distinguendo bene i diversi periodi dell'anno. Per le vacanze di Natale e di Pasqua è giusto concedere alle bambine e bambini uno stop dai compiti: in questi periodi ritengo prioritario dedicarsi a recuperare energie e alla condivisione in famiglia. Per le vacanze estive, invece, potrebbe essere arricchente assegnare qualche stimolo anche sotto forma di proposte di esperienze che i bambini possono vivere (andare al museo, a teatro, passeggiare nel parco, scrivere un diario, leggere, cucinare…). Anche in famiglia. Certo, appena la scuola è finita, bisogna comunque prevedere almeno due settimane di stop, soprattutto se tua figlia o tuo figlio ha messo in campo tanto impegno e costanza: ne avrà bisogno per rilassarsi, per recuperare. Se poi in quel tempo sperimenta anche la «noia», allora siamo a buon punto, sappiamo quanto questa esperienza possa essere feconda. Ma le vacanze estive sono un periodo piuttosto lungo ed è bene che i ragazzi gestiscano i compiti e lo studio in maniera equilibrata. Si tratta quindi di dosare compiti e tempo libero, pianificando in maniera razionale e con metodo, per mantenere la mente aperta su certi apprendimenti senza costrizioni e corse dell'ultimo minuto. Come abbiamo detto più volte, anche in vacanza, importante è porre delle regole chiare e condivise, creare una routine che con calma e pazienza renda meno faticoso inserire nel clima tipicamente ludico dell'estate lo spazio per lo studio.

Quello che voglio poi sottolineare è che, soprattutto in vacanza, non deve mai mancare un buon libro, anzi sarebbe meglio dire dei buoni libri! Leggere è un'attività fondamentale, con innumerevoli vantaggi per la crescita: apre la mente, porta a riflettere e a ragionare in maniera critica, indica punti di vista differenti. E diventa un'esperienza ancora più bella e profonda se magari con i più piccoli proviamo, qualche volta, a condividere la lettura ad alta voce: questo rafforzerà il legame e creerà anche un ricordo bellissimo per il futuro. Dunque, spazio alla lettura a tutte le età!

Ti lascio cinque motivi per incentivare le figlie e i figli alla lettura e per leggere insieme a loro:

1. Arricchisce il vocabolario, sviluppa il linguaggio e stimola la narrazione personale.
2. Migliora l'attenzione e la concentrazione.
3. Educa alle emozioni, favorisce l'empatia.
4. Apre la mente e stimola la creatività.
5. Rafforza il legame genitori-figli.

E poi sono fondamentali per il benessere dei nostri figli, in ogni periodo dell'anno, lo sport, le attività all'aria aperta, il gioco, le visite a luoghi di interesse culturale (come musei, mostre, iniziative culturali...), le attività condivise con la famiglia o con gli amici. Tutto è apprendimento, dentro e fuori dalla scuola e oltre lo studio. Stimoliamo, allora, le figlie e i figli alla conoscenza, promuovendo spesso occasioni nuove di apprendimento. Ci accorgeremo che così andranno a scuola con maggiore piacere, rigenerati e pronti ad assorbire nuove conoscenze. Vedo come si illuminano quando ritrovano nei libri scolastici luoghi visitati o esperienze vissute!

In conclusione, penso che non siano i compiti in sé a tracciare un buon percorso formativo per i nostri figli, ma piuttosto la capacità dei docenti di trasmettere la conoscenza in maniera empatica, coinvolgendo gli alunni. «Chi sono gli insegnanti che non abbiamo mai dimenticato? Sono quelli che hanno saputo incarnare un sapere, sono quelli che ricordiamo non tanto per ciò che ci hanno insegnato ma per come ce lo hanno insegnato» scrive Massimo Recalcati nel suo illuminante *L'ora di lezione*. Ecco, credo sia proprio così. Dunque diamo ai compiti il giusto valore, la giusta collocazione, nella consapevolezza che l'apprendimento scolastico è molto più ampio e profondo.

## L'ADOLESCENZA

La tanto attesa, adorata e «temuta» adolescenza dei figli! Arriva quasi senza preavviso, così mi raccontate, e ci coglie inevitabilmente di sorpresa!

Sì, di sorpresa, perché da un momento all'altro ci accorgiamo che qualcosa è cambiato. E il problema non è che nostro figlio stia cambiando ma che noi ci ostiniamo a essere sempre gli stessi e invece il segreto sta proprio nel cogliere questo passaggio come un momento di trasformazione anche per noi genitori.

Quando ne parliamo, spesso e volentieri, tendiamo a farlo usando un'accezione negativa, come se fosse una malattia da cui proteggersi. E invece l'adolescenza è certamente una fase delicata, ma è da accogliere con positività perché diventare grandi presuppone un periodo di faticosi cambiamenti, in cui si mette in discussione ogni cosa e si provano emozioni intense. È il periodo in cui le inquietudini rendono difficile la definizione della propria identità, ma è pure il periodo in cui passioni, sogni e ambizioni prendono corpo e fanno da modello per la vita adulta. In quest'ottica *Adolescence* è una miniserie che tutti dovremmo guardare e vi dico perché: è un racconto forte, intenso, travolgente, commovente, che ti obbliga a fermarti e a iniziare a porti domande nuove come genitori, ma soprattutto a guardare l'adolescenza da un'angolazione diversa! Senza accorgercene, spesso ci raccontiamo l'adolescenza non per quello che è, ma per quello che noi adulti vogliamo vedere. Allora, l'adolescenza non va temuta, ma accolta con tutte le sue contraddizioni e i preziosi tasselli che portano a crescere, sempre ascoltando e rispettando le nostre figlie, i nostri figli.

Voi genitori mi confidate che vi accorgete all'improvviso non tanto della trasformazione fisica dei figli quanto di atteggiamenti nuovi e scostanti. Mi dite: «Caspita, fino all'altro giorno avevo il mio bambino, e di colpo se n'è uscito con frasi forti, provocatorie, e mi accorgo che non mi ascolta… ma com'è successo?». Oppure mi riportate che i figli usano frasi accusatorie come: «Tu non mi capisci, con te non è possibile parlare».

Conosco bene tutto questo! Ed è chiaro che per non trasformare il rapporto con i figli adolescenti in una continua battaglia è necessario intervenire con attenzione e cura.

Nelle nostre figlie, nei nostri figli, in questa fase della crescita, avvengono tanti cambiamenti, non a caso Alberto Pellai, psicoterapeuta e scrittore, la chiama «l'età dello tsunami, il periodo dello stravolgimento». Tanti cambiamenti, e piuttosto forti, dal punto di vista fisico, emotivo e cerebrale. Dobbiamo tenere bene a mente tutto questo e non puntare il dito contro certi atteggiamenti. E ciò non significa giustificare le loro azioni, i loro pensieri, ma vuol dire partire da una conoscenza per strutturare nel migliore dei modi l'intervento educativo. Conoscere aiuta davvero ad agire in maniera coscienziosa.

E per fare questo partiamo anche dalle risultanze di importanti studi di neuroscienze che hanno dimostrato come le azioni tipiche degli adolescenti si basino su precise connessioni neurologiche dovute alle modifiche che avvengono nel loro cervello: atteggiamenti impulsivi e la fatica a controllare le emozioni forti da parte delle ragazze e dei ragazzi derivano appunto da un cervello ancora in crescita. E di questo dobbiamo tenere conto valutando le loro azioni.

PREMESSO CIÒ, IN LINEA GENERALE, NON POSSIAMO NON EVIDENZIARE UN ALTRO DATO IMPORTANTE: COME OGNI FIGLIO È UN FIGLIO UNICO ANCHE OGNI ADOLESCENZA È UNICA. E il solo modo per empatizzare con figli adolescenti, per entrare in contatto profondo con loro è ricordarci della nostra adolescenza, mettendoci in ascolto su ciò che abbiamo vissuto, provato, sentito. Puoi raccontare a tua figlia, a tuo figlio la tua esperienza di adolescente, episodi che ti hanno ferito, aneddoti, e svelare così che anche tu hai avuto momenti di fatica, di sconforto, momenti in cui vedevi tutto nero, in cui i tuoi genitori ti apparivano quasi come dei «nemici»: in questo modo, fai capire che hai chiara la percezione di ciò che sta accadendo e hai anche la capacità di gestire quella situazione nel migliore dei modi.

♦ *Sarah era durissima con sua madre, ma appena ha saputo da lei che ha vissuto un periodo faticoso quando era adolescente e che si sentiva sola e sbagliata ha iniziato a cambiare atteggiamento. Ha avvertito che sua madre poteva capirla perché l'aveva provato lei stessa. E tu? Ti ricordi la tua adolescenza? Quanto in alcuni momenti hai fatto disperare i tuoi genitori? Ti ricordi di un confronto acceso? E poi com'è finita?*

Ripensare alle nostre esperienze è importante perché ci impone una riflessione. EDUCARE NON È IMPROVVISAZIONE, NON È METTERE IN CAMPO CIÒ CHE CI PASSA PER LA TESTA.

♦ *Moreno, genitore di Sabina e Michela, di quattordici e sedici anni, si sente duramente messo alla prova dall'adolescenza sfidante delle figlie.*

Ho conosciuto questo genitore durante uno dei miei webinar. «Niente nella vita mi ha trasformato come questo periodo» mi confessa. Nel suo lavoro professionale, in momenti di crisi, ha dedicato del tempo ai colleghi per trovare insieme a loro nuove strategie per affrontare le questioni. Allora si domanda come mai in ogni ambito si mettano in campo risorse, tempo e strategie mentre nell'educazione dei figli pretendiamo, invece, che tutto si sistemi da solo. Perché non si pensa che i figli meritino lo stesso impegno?

Con Moreno si è deciso di applicare a casa lo stesso approccio usato in ufficio, convocando una «riunione di famiglia» ogni mese, in cui si facesse spazio al racconto personale e familiare in maniera autentica e non giudicante. Così nei momenti di tensione e incomprensione con le figlie ha iniziato ad applicare lo stesso approccio tenuto in azienda per la risoluzione di situazioni problematiche: «Fermarsi, ascoltare e trovare un accordo». In questo nuovo modo di stare insieme ognuno si sente libero di esprimere pensieri, bisogni e difficoltà, programmando insieme spazi per lo studio e per il tempo libero, accordandosi sugli orari e soprattutto ascoltandosi a vicenda.

Le cose sono nettamente migliorate, le ragazze hanno molto apprezzato il sentirsi ascoltate, e il papà ha sperimentato i benefici del lavoro di squadra applicato alla famiglia: come in un'azienda, anche la crescita dei figli richiede investimenti di tempo, strumenti adeguati e strategie flessibili.

L'ADOLESCENZA È IL MOMENTO IN CUI I FIGLI CERCANO LA PROPRIA INDIPENDENZA, È SOLO ALLONTANANDOSI DA NOI CHE POSSONO FINALMENTE ESPRIMERSI E TROVARSI, che è pure ciò per cui sin da piccoli li abbiamo educati: autonomia, senso della responsabilità, essere in grado di cavarsela da soli. Allora il nostro compito non è togliere a un figlio la patata bollente dalle mani, ma aiutarlo a capire cosa sta vivendo, cosa sta attraversando e dialogare con lui su cosa si può fare o meno per affrontare certe difficoltà, senza sovrapporre sempre il consiglio dell'adulto: spesso le scelte dei figli possono risultare più funzionali rispetto a possibili consigli.

Sono tante le occasioni in cui sono stata io a imparare da mia figlia e altre dove abbiamo imparato insieme.

Quindi, se da un lato non dobbiamo sostituirci a un figlio, dall'altro non dobbiamo neanche pensare che proprio perché sta crescendo dobbiamo mollarlo: questo significherebbe esimersi dal proprio ruolo educativo, invece è importante esserci in maniera più funzionale, efficace e rispettosa. Stiamo al fianco dei nostri figli, a volte anche un passo indietro, ma facciamo capire che ci siamo, che la nostra è una presenza discreta, senza superare certi confini e senza impedirgli di sperimentare e di sbagliare e soprattutto essere presenti nel momento in cui un figlio alza la mano per chiederci aiuto, ovviamente.

Ci sono poi genitori che mi dicono di avere provato in tutti i modi, ma non riescono proprio a dialogare con la figlia, con il figlio, mi rivelano che ogni incontro è uno scontro e ogni conclusione è una sconfitta, mentre si alza sempre più il muro dell'incomprensione. Ecco, questo non ci deve mettere nelle condizioni di pensare che abbiamo fallito, che è tutto tempo perso. Non è mai tempo perso cercare il dialogo: a volte è solo il momento sbagliato, ma possiamo attendere e trovare un altro momento più funzionale, magari quando gli animi sono più sereni, quando le emozioni sono più in equilibrio; diventa così più facile affrontare certi aspetti non solo per i figli, ma anche per noi genitori. Sempre con un approccio empatico, comprensivo, non giudicante, mettendolo in condizione di potersi aprire, di riuscire a raccontare le sue emozioni. Quello che suggerisco ai genitori che vivono periodi particolarmente impegnativi è quello di prendersi ogni tanto dei momenti da condividere con i figli staccandosi dalla routine quotidiana, soprattutto quando questa si è caricata di tensione o negatività.

Può essere anche una passeggiata, vedere un film insieme, cucinare un piatto che piace a tutti, fare una gita fuori porta… L'obiettivo è rinforzare i legami, portando un po' di leggerezza e un po' di buona energia.

È faticoso, certo. Ci sono momenti in cui capita di sentirci delusi da noi stessi, ci eravamo ripromessi di non sbottare ma alla fine non ce l'abbiamo fatta a dialogare senza alzare i toni, senza sbattere la porta, senza punire, senza giudicare. Ma non si può essere efficaci dai primi tentativi, del resto l'adolescenza dei figli è qualcosa di nuovo anche per noi.

Ci sono persone che hanno avuto rapporti turbolenti con i genitori, che non riuscivano a dialogare in nessun modo. Oggi sono genitori capaci di confessare: «All'inizio, ripetevo gli stessi errori dei miei, cercando sempre di imporre la mia visione. Piano piano, ho capito che non dovevo replicare ciò che avevo vissuto». A volte fatichiamo a essere d'aiuto ai nostri figli nei momenti in cui siano arrabbiati, tristi, spaventati… se non vogliono raccontare cosa li attraversa possiamo partire da noi e questo può essere d'aiuto: «Capisco che tu sia arrabbiato… A me è capitata una situazione del genere ed ero in difficoltà a parlarne con i miei genitori. Spesso allora mi chiudevo. Capisco cosa stai provando. Solo il tempo mi ha fatto capire che parlare con i miei mi aiutava a stare meglio. Per caso anche a te sta capitando qualcosa di simile?». Questo per fargli capire che noi siamo in maniera autentica interessati alla sua vita emotiva, a tutto ciò che lo attraversa, ai conflitti che sta vivendo, per fargli capire che noi non lo lasciamo solo. È importante, quindi, che parliamo della nostra esperienza, anche negativa, non dobbiamo sempre raccontare che siamo dei supereroi, che siamo stati figli perfetti, ma raccontiamo di quando abbiamo sbagliato, di quando non ce l'abbiamo fatta, anche di quando abbiamo discusso con i nostri genitori. E diciamo chiaramente che, col senno di poi, certe cose ci hanno insegnato che la fragilità non è un momento sbagliato, da cancellare, da giudicare, ma un'occasione per prendere magari certe misure, per abbracciare ogni parte di noi. Dialogando si capisce che non si è soli, che abbiamo vissuto anche noi le stesse cose dei nostri figli. Così tuo figlio capisce che ci sei.

Questo lo aiuta a comprendere che le fragilità fanno parte del percorso di crescita di ognuno. Ricordiamo sempre che i ragazzi hanno infinite risorse, riescono a trovare soluzioni pazzesche di fronte alle questioni della vita, dobbiamo dare loro fiducia e rispetto.

Come comportarsi, allora, con un figlio adolescente? Ecco cinque step utili.

1. Metti in campo l'ascolto attivo, un approccio empatico: mostra a tuo figlio che le sue emozioni contano, rafforza così la vostra complicità.
2. Spazio all'autonomia: rispetta e riconosci (sempre tenendo un occhio alla sicurezza) il loro bisogno di gestire i propri spazi, accrescerà così il senso di responsabilità.
3. Non scappare dal conflitto, ma affrontalo: trasforma la tensione in dialogo, sarà un'occasione di crescita per entrambi.
4. Regole chiare e condivise: stabilite insieme i limiti (orari, responsabilità domestiche, uso dei dispositivi) e rivedeteli periodicamente, aumenterà così la collaborazione tra voi.
5. Digli che gli vuoi bene: la vicinanza fisica e psicologica aiuta a fortificare la relazione.
6. Non smettere mai di dimostrare il tuo amore, anche quando dici «no»!

Il concetto è ESSERCI DAVVERO! Con ascolto, presenza e voglia di leggerezza.

**ORA TOCCA A TE**

Crea un appuntamento fisso, ogni settimana o ogni quindici giorni con tua figlia, con tuo figlio. L'idea è ritagliare un momento che sia per voi un'occasione speciale per stare insieme, lontano dalle urgenze della quotidianità. Potrebbe essere una passeggiata, un gioco, un'uscita in bicicletta, una gita fuori porta, la lettura di un libro, una serata al cinema...

## *L'educazione affettiva e sentimentale*

L'educazione affettiva riguarda le relazioni interpersonali e un po' più in generale, l'educazione sentimentale riguarda l'educazione ai sentimenti, a quelle relazioni più profonde e significative che si possono avere nei rapporti di amicizia o nei rapporti d'amore.

Credo sia importante fare un focus su questi aspetti a livello educativo.

Educare le figlie e i figli, sin da piccoli, a instaurare e a gestire i rapporti con gli altri in maniera costruttiva è davvero fondamentale per la loro crescita. I rapporti affettivi e i primi amori sono parte del percorso educativo. I nostri insegnamenti sono per loro un mezzo per diventare adulti empatici, rispettosi, risolti.

Allora, aiutiamoli a comprendere, prima di tutto, che bisogna imparare a rispettare i confini nelle relazioni con gli altri. Partiamo dall'educazione emotiva, come abbiamo visto nel capitolo sulla gestione delle emozioni, e poi passiamo più propriamente all'educazione affettiva e sentimentale. E con le figlie e i figli più grandi apriamo il dialogo a quello che sentono, a quello che provano, ai loro primi amori, ascoltiamoli sempre in maniera non giudicante, mostriamo di prenderci cura delle loro emozioni, di ciò che sentono, dei loro sentimenti profondi. Parliamo di noi alla loro età.

Beatrice con sua figlia Veronica ha iniziato a parlare della sua relazione d'amore con suo padre, specificando quanto il rispetto sia stato sempre la base del loro rapporto. Samuel invece ha raccontato ai suoi figli Cristian e Gabriel che, da giovane, aveva incontrato una ragazza che non gli permetteva di uscire con gli amici, che gli faceva di continuo scenate di gelosia... Questo è servito per rompere il ghiaccio e iniziare un racconto intimo, profondo su cos'è AMORE e cos'è invece una RELAZIONE TOSSICA.

È molto importante aiutarli a capire che le relazioni d'amore non intrappolano, non limitano l'altro, non obbligano, non manipolano. Cerchiamo anche di affrontare tematiche che possono essere dei campanelli d'allarme, come la gelosia. Diciamo chiaramente alle figlie, ai figli: se qualcuno dovesse proibirti di fare una cosa, di vedere degli amici, di vestirti in un certo modo, di fare le tue esperienze personali, anche magari di crescita professionale, allora forse quella persona non è la persona da tenere al proprio fianco! La persona che ti ama, che ti vuole bene è felice dei tuoi successi, delle tue amicizie, delle tue conquiste!

E altrettanto importante è insegnare che i «no» vanno rispettati. Può essere frustrante ricevere un «no» in una relazione d'amore, ma è un «no» che va accettato. Educhiamo, dunque, le nostre figlie, i nostri figli al valore del «consenso». A scuola insegno che il «no» è sempre «no», che il «sì» è «sì» e il «non lo so» ha lo stesso valore del «no» e come tale va inteso e rispettato! Educare al consenso è fondamentale per il loro sviluppo sociale ed emotivo. Perché i figli devono imparare a sentirsi liberi di dire un «no» e imparare a non sentirsi sminuiti se lo ricevono. I «no» vanno accettati senza drammi, senza viverli come un affronto.

Ed è per questo che la tematica centrale di questo volume è proprio l'importanza del dire dei «no» ai propri figli.

Il valore del consenso passa anche attraverso la comunicazione, per esempio insegniamo loro a dire: «Posso abbracciarti?», quindi chiedere il permesso prima di agire; «Posso giocare anche io con il tuo giocattolo?», quindi imparare che ci sono dei confini reciproci. E gli esempi potrebbero essere tanti.

Si deve dire «no» perché magari non si vuole una carezza o perché non si vuole uscire con qualcuno o perché non si vuole continuare una relazione. E soprattutto facciamogli capire che nei momenti di difficoltà bisogna alzare la mano, bisogna chiedere aiuto alle figure adulte di riferimento, bisogna parlarne con le persone vicine.

INSEGNIAMO ALLE RAGAZZE E AI RAGAZZI CHE DEVONO VOLERSI BENE, E CHE VOLERSI BENE SIGNIFICA PRENDERSI CURA DI SE STESSI, SENTIRSI LIBERI NELLA PROPRIA VITA, NELLE PROPRIE SCELTE E NELLA PROPRIA CRESCITA. Sottolineiamo sempre l'importanza del rispetto nelle relazioni, partendo dall'esempio in famiglia. La relazione che intrappola, che sminuisce, che non valorizza o che manca di rispetto non è amore, è violenza: dobbiamo dirlo senza girarci intorno. L'educazione dei nostri figli ha riflessi sociali importanti: educare loro significa contribuire all'affermarsi di una società migliore, inclusiva, responsabile.

QUINDI EDUCARE ALL'AMORE SI PUÒ E SI DEVE. Sin da piccoli le nostre figlie, i nostri figli imparano l'amore in famiglia. E su questo tutti ora inizieremo a porci delle domande: «Sono un buon esempio per mio figlio?», «Sono sufficientemente presente?», «Però, forse potrei essere più amorevole», «Ma come si educa all'amore?», e così via.

Interrogarci può essere utile non per colpevolizzarci ma per aiutarci a prendere consapevolezza delle cose. Ce lo siamo detti diverse volte sin qui: non deve rientrare nei nostri obiettivi di genitori «la ricerca della perfezione» e i percorsi che funzionano non sono necessariamente quelli lineari, anzi gli inciampi, gli errori fanno proprio parte del pacchetto «genitori efficaci». Detto questo, non dobbiamo però smettere di metterci in discussione, anzi se facciamo una sana autocritica vediamo di sicuro emergere soluzioni e aggiustamenti nel nostro percorso educativo. Ciò che ci rende «efficaci» è la volontà di impegnarsi nel percorso stesso.

Avere consapevolezza che ciò che i figli vivono in famiglia è importante, ma questo non deve metterci nelle condizioni di soppesare ogni sfumatura e di sentirci sempre responsabili di tutto. Perché se da un lato ciò che trasmettiamo è fondamentale, ciò che i nostri figli saranno non è sempre la semplice somma delle nostre azioni. E in più ci sono anche altri contesti educativi oltre a quello familiare.

Educare all'amore è necessario a casa e a scuola. Che tuo figlio abbia due anni, o sette o quattordici, o diciotto inizia ora.

Da dove partire? Dall'ascolto, da ciò che le nostre figlie e i nostri figli pensano, da ciò che sentono, da ciò che riteniamo importante! Confrontatevi, ragionate insieme su quali possano essere gli atteggiamenti e le azioni corrette da riversare in una relazione. Parlate anche degli affetti a voi vicini, questo aiuta a prendere consapevolezza e in certe occasioni anche a confinare e a dare un significato a ciò che si prova e alla relazione che si è creata. Tutto ciò aiuterà tuo figlio a costruire rapporti dove i pilastri sono la fiducia e il rispetto, a sviluppare autostima, ad avere un'identità solida.

Abbiamo compreso quindi come un'educazione affettiva e sentimentale basata sul valore del rispetto e del consenso può davvero fare la differenza nelle relazioni, durante la crescita e nella vita adulta. Può prevenire rischi gravi come gli abusi o addirittura violenze, impegnarci su questo fronte significa dare garanzie ai nostri figli rispetto al loro muoversi nel mondo. In tutto questo rientra l'educazione alla sessualità: lasciamoli prima di tutto liberi di fare domande, di chiedere, aiutiamoli a conoscere il proprio corpo, le proprie emozioni. La libertà fa sentire accolti, capiti, non giudicati. Ed è così che diamo loro protezione, anche in temi tanto delicati quanto personali, intimi, come questi.

Aprire al tema della sessualità, nel rispetto della loro età e maturità, significa spiegare loro i cambiamenti che stanno vivendo e offrire uno spazio sicuro senza tabù e dove il dialogo sia aperto. È importante mettersi in ascolto e parlarne con autenticità. Perché se non siamo noi genitori a dare loro risposte, allora cercheranno altrove, cercheranno altri mezzi, altri interlocutori, e questo non ci dà certo garanzie che i messaggi sull'argomento saranno gli stessi di quelli che noi riteniamo importanti per la loro crescita. Quindi, parliamone!

**ORA TOCCA A TE**

Leggere per creare una «cultura dei sentimenti». Ecco alcuni libri sulla tematica dell'affettività, alcuni per noi e alcuni per le nostre figlie e i nostri figli.
*Mezzamela* di Matteo Bussola, *Il primo bacio. L'educazione sentimentale dei nostri figli preadolescenti* di Alberto Pellai, *Baciare fare dire. Cose che ai maschi nessuno dice* di Alberto Pellai, *Sentimenti maleducati* di Stefano Rossi.

# 8

# «Invece di dire... prova a dire»: cambiare la comunicazione per nutrire la relazione

Certo, non è facilissimo, ma ti assicuro che, se vuoi cambiare qualcosa nella relazione con tua figlia, tuo figlio, iniziare dal tuo modo di comunicare può fare la differenza!

Ti do qui qualche esempio concreto per passare da frasi che potrebbero suonare forti, giudicanti, persino offensive, come a volte capita, a frasi che aiutano ad ascoltarsi e comprendersi.

Sì, lo so, ciò che dici in alcune circostanze spesso non è ciò che pensi davvero, ma l'obiettivo è quello di provocare una reazione, magari per chiedere con una certa urgenza un po' di attenzione. Altre volte, invece, scappano frasi infelici perché siamo stanchi o frustrati dalla fatica della situazione. Ma ci sono parole che possono risultare davvero pesanti, generano risentimento e alzano muri invalicabili. Le nostre parole, oltre alle nostre azioni, sono strumenti potentissimi: possono condizionare profondamente ciò che un figlio pensa di se stesso e il valore che si attribuisce, quindi sceglierle con cura è un gesto d'amore consapevole che lascerà un'impronta preziosa nella sua crescita emotiva e nel suo modo di vivere il mondo. Quante volte ti è capitato al termine di una discussione con tuo figlio di sentirti in colpa? Tante volte, vero? Allora cerchiamo di capire come cambiare il modo in cui diciamo le cose. Ciò non significa diventare permissivi, non vuol dire validare azioni su cui invece dobbiamo intervenire. Significa però trovare il tono e le parole per arrivare ai nostri figli in maniera profonda e autentica, facendoli sentire compresi.

Vediamo alcuni esempi pratici per trasformare la tua comunicazione.

| **Invece di dire** | **Prova a dire** |
|---|---|
| *Ma perché piangi?* | *Mi sembra di capire che questa cosa ti abbia ferito...* |
| *Non puoi piangere per così poco!* | *Sento il tuo dispiacere.* |
| *Smettila di piangere!* | *Vieni qui che con calma mi racconti.* |
| *Non si deve piangere.* | *Capisco la tua tristezza.* |
| *I bravi bambini non piangono...* | *Dai, forza, dammi un abbraccio che poi ci raccontiamo cosa succede!* |
| *Sapevo che avresti sbagliato.* | *Sei riuscito a metterti alla prova e sbagliare fa parte del percorso.* |
| *Non puoi arrabbiarti così!* | *Sento la tua rabbia, scambiamo due parole?* |
| *Ti sta bene, adesso ne paghi le conseguenze.* | *Cosa ti insegna questa esperienza?* |

| Invece di dire | Prova a dire |
|---|---|
| *Sei insopportabile e ingrato.* | *Mi dispiace vedere certi comportamenti, conosco il tuo valore, quindi, forza, trova un altro modo per comunicare con me!* |
| *Forza, vediamo se hai il coraggio, ripeti quello che mi hai detto.* | *Ti lascio la possibilità di rimediare, prova a rivolgerti con un altro tono e poi con tutta calma ne parliamo.* |
| *Esageri sempre, non mi sembra sia successa una cosa grave!* | *Senti che ciò che è accaduto era per te importante, vuoi parlarmene?* |
| *Basta, smettila di arrabbiarti per queste sciocchezze!* | *Mi sembra di capire che la situazione ti stia facendo arrabbiare, non è così?* |

Ecco! È dalle tue parole che nasce tutto: fiducia, dialogo, crescita e una relazione profonda. Quando accogli le emozioni e i sentimenti delle figlie e dei figli con ascolto autentico e con comprensione, non solo crei uno spazio sicuro in cui possono esprimersi, ma prendi consapevolezza della tua genitorialità: scopri il loro mondo, rivedi le tue convinzioni, impari come dialogare con loro.

Un figlio che riceve ascolto e comprensione si sentirà RICONOSCIUTO, AMATO. E IMPARERÀ A FIDARSI DI TE!

# Conclusioni

Questo libro nasce da un'urgenza colta nel dialogo quotidiano con i genitori che, con fiducia, mi hanno confessato fatiche, difficoltà e ansie nella meravigliosa e complicata avventura di crescere le figlie e i figli. Ho pensato, allora, di condividere la mia esperienza professionale con te per affiancarti nella gestione delle sfide educative contemporanee. Oggi più che mai noi genitori ci interroghiamo e ci mettiamo in discussione, ma questo a volte sembra non bastare per intercettare i dubbi, accogliere le fragilità e trovare un proprio metodo educativo.

Non sento di voler insegnare qualcosa a nessuno, anche perché se è vero che sono un'insegnante, nella mia vita io per prima ho imparato dalle mie bambine e dai miei bambini, e il mio intento è quello di continuare a imparare insieme a te. Ho voluto semplicemente proporre uno spazio di riflessione condivisa e aiutarti a riconoscere, nel tuo vissuto, i tuoi punti di forza e le tue meravigliose fragilità, offrendo suggestioni per lavorarci su e superarle.

Ho sentito il bisogno di soffermarmi, in particolare, su un momento tanto faticoso come quello in cui ci troviamo a dover dire un «no» a una figlia, a un figlio. Un «no» che genera dubbi e timori, che viviamo quasi come una sconfitta. E che, invece, se detto nella maniera giusta, significa amore, cura, attenzione. Il «no» è il nostro modo più bello per dire: «Ci sono». Lo ritengo un passaggio centrale del percorso educativo, quello che racchiude tutto il senso della genitorialità: è grazie ai «no» che i nostri figli apprendono regole e limiti, ma imparano pure a riconoscere il valore dei «sì». Per questo il «no», visto in quest'ottica, è diventato il filo conduttore dell'intero libro. Pensando al nostro quotidiano confrontarci con i «no», pensando a una genitorialità che non può essere perfetta e neppure deve pensarsi tale, ma a una genitorialità efficace, proprio perché si interroga, sbaglia, cerca e si confronta. Una genitorialità unica come unico è ogni figlio.

Ti ho descritto il mio metodo, FAR LUCE, ma per aiutarti a trovare il tuo, per «fare luce» appunto su tutto quello che ci si ritrova lungo il percorso da genitori, a partire da quanto interiorizzato nella nostra infanzia fino ai modelli educativi imperanti, per aiutarti a conoscere in maniera autentica e profonda tua figlia, tuo figlio, a scoprire la loro UNICITÀ.

Non è, dunque, un libro di istruzioni, né un manuale di regole, ma un luogo dentro cui ogni genitore possa riconoscersi e mettersi in discussione, scoprendo che le problematiche sono comuni e che sono anche ricche di tanta bellezza. Perché educare è difficile, certo, è un impegno che costa fatica e amore, ma è anche un viaggio umano straordinario. Ed è bellissimo farlo insieme.

# Letture consigliate


AGASSI, ANDRE, *Open. La mia storia*, Einaudi, Torino 2011.

ALDI, GINO, *Educare con le fiabe. Come sviluppare l'intelligenza emotiva dei figli*, Enea, Milano 2014.

ALEXANDER, JESSICA e SANDAHL, IBEN, *Il metodo danese per crescere bambini felici ed essere genitori sereni*, Newton Compton, Roma 2016.

ANDREOLI, STEFANIA, *Mamma ho l'ansia*, Rizzoli, Milano 2016.

ANTOGNAZZA, DAVIDE, *Crescere emotivamente competenti. Come sviluppare le competenze socio-emotive a scuola*, La meridiana, Molfetta 2017.

BALLARD, ELISE, *Epiphany: True Stories of Sudden Insight to Inspire, Encourage and Transform*, Temerity, New York 2014.

BERNE, ERIC, *A che gioco giochiamo*, Bompiani, Milano, 2000.

BETTELHEIM, BRUNO, *Il mondo incantato. Uso, importanza e significati psicoanalitici delle fiabe*, Feltrinelli, Milano 2013.

—, *Un genitore quasi perfetto*, Feltrinelli, Milano 2013.

BIDOLI, CHIARA, *101 cose da sapere sul bambino*, Cairo, Milano 2020.

BOELLA, LAURA, *Sentire l'altro. Conoscere e praticare l'empatia*, Raffaello Cortina, Milano 2006.

BOLLEA, GIOVANNI, *Genitori grandi maestri di felicità*, Feltrinelli, Milano 2005.

BUSSOLA, MATTEO, *Mezzamela. La bellezza di amarsi alla pari*, Fabbri, Milano 2023.

CABEZÓN, EDUARDO SAENZ DE, *Intelligenza matematica. Scopri il matematico che è in te*, Centauria, Milano 2016.

CAPPELLO, FRANCESCO, *Seminare domande. La sperimentazione della maieutica di Danilo Dolci nella scuola*, EMI, Bologna 2011.

CARKHUFF, ROBERT, *L'arte di aiutare*, Erickson, Trento 1994.

CASTELLAZZI, VITTORIO LUIGI, *Ascoltarsi, ascoltare*, Edizioni Magi, Roma 2011.

CASULA, CONSUELO C., *I porcospini di Schopenhauer. Come progettare e condurre un gruppo di formazione di adulti*, FrancoAngeli Edizioni, Milano 2003.

—, *Giardinieri, principesse, porcospini*, FrancoAngeli Edizioni, Milano 2010.

CHIRIATTI, MASSIMO, *Incoscienza artificiale*, Luiss University Press, Roma 2021.

CORALLO, ROSALBA, *Nove volte intelligenti*, Erickson, Trento 2009.

CRAHAY, MARCEL, *Psicopedagogia*, La Scuola, Brescia 2000.

D'ADDELFIO, GIUSEPPINA, *In altra luce. Per una pedagogia al femminile*, Mondadori Università, Firenze 2016.

D'AVENIA, ALESSANDRO, *Ciò che inferno non è*, Mondadori, Milano 2014.

—, *L'arte di essere fragili: come Leopardi può salvarti la vita*, Mondadori, Milano 2016.

—, «Per me è un no!», *Corriere della Sera*, Milano 2018.
ENDE, MICHAEL, *La storia infinita*, Longanesi, Milano 1981.
FRANK, ANNE, *Diario*, Einaudi, Torino 2014.
FROMM, ERICH, MASLOW, ABRAHAM H., MAY, ROLLO, MEAD, MARGARET e ROGERS, CARL R., *La creatività*, La Scuola, Brescia 2017.
GARDNER, HOWARD, *Formae mentis. Saggio sulla pluralità dell'intelligenza*, Feltrinelli, Milano 1987.
—, *Intelligenze multiple*, Anabasi, Milano 1994.
—, *L'educazione delle intelligenze multiple*, Anabasi, Milano 1995.
GARDNER, HOWARD e DAVIS, KATIE, *Generazione App. La testa dei giovani e il nuovo mondo digitale*, Feltrinelli, Milano 2014.
GELDARD, DAVID e KATHRYN, *Parlami, ti ascolto. Le abilità di counseling nella vita quotidiana*, Erickson, Trento 2005.
GILBERT, ELIZABETH, *Big Magic. Vinci la paura e scopri il miracolo di una vita creativa*, Rizzoli, Milano 2015.
GINZBURG, NATALIA, *Le piccole virtù*, Einaudi, Torino 2015.
GLADWELL, MALCOLM, *Fuoriclasse. Storia naturale del successo*, Mondadori, Milano 2014.
GOLEMAN, DANIEL, *Intelligenza emotiva*, BUR, Milano 2011.
GOPNIK, ALISON, *Essere genitori non è un mestiere. Cosa dice la scienza sulle relazioni tra genitori e figli*, Bollati Boringhieri, Torino 2017.
GOPNIK, ALISON, MELTZOFF, ANDREW N. e KUHL, PATRICIA K., *Tuo figlio è un genio. Le straordinarie scoperte sulla mente infantile*, Baldini Castoldi Dalai, Milano 2008.

GORDON, THOMAS, *Insegnanti efficaci*, Giunti, Firenze 2013.
—, *Genitori efficaci. Educare figli responsabili*, La meridiana, Molfetta 2014.
—, *Relazioni efficaci*, La meridiana, Molfetta 2014.
GOTTMAN, JOHN MORDECHAI e DECLAIRE, JOAN, *Intelligenza emotiva per un figlio*, BUR, Milano 2015.
GROSSMAN, DAVID, *L'abbraccio*, Mondadori, Milano 2018.
HOUGH, MARGARET, *Abilità di counseling. Manuale per la prima formazione*, Erickson, Trento 1999.
HÜTHER, GERALD e HAUSER, ULI, *Ogni bambino ha un grande talento*, Urra, Milano 2014.
IAFRATE, RAFFAELLA e ROSNATI, ROSA, *Riconoscersi genitori. I percorsi di promozione e arricchimento del legame genitoriale*, Erickson, Milano 2007.
IBARROLA, BEGOÑ, *Genial mente*, DeAgostini, Milano 2018.
JENSEN, FRANCES E., *Il cervello degli adolescenti. Tutto quello che è necessario sapere per aiutare a crescere i nostri figli*, Mondadori, Milano 2015.
LAUBE, SIGRID, *Quando Mozart era un bambino*, Fabbri, Milano 2006.
LANCINI, MATTEO, *Cosa serve ai nostri ragazzi. I nuovi adolescenti spiegati ai genitori, agli insegnanti, agli adulti*, UTET, Torino 2020.
—, *Chiamami adulto. Come stare in relazione con gli adolescenti*, Raffaello Cortina, Milano 2025.
LEVINE, MEL, *A modo loro. Come aiutare ogni bambino a scoprire le sue capacità e ad avere stima di sé*, Mondadori, Milano 2004.
LIZZOLA, IVO, *Aver cura della vita. L'educazione nella prova: la sofferenza, il congedo, il nuovo inizio*, Città Aperta, Troina 2002.
LUCANGELI, DANIELA, MOLIN, ADRIANA e POLI, SILVANA,

*Intelligenza numerica nella prima infanzia. Attività per stimolare le potenzialità numeriche: dalla quantità alla numerosità*, Erickson, Trento 2013.

LUCANGELI, DANIELA, *Cinque lezioni leggere sull'emozione di apprendere*, Erickson, Trento 2019.

MAGROGRASSI, GIACOMO, I *giochi che giochiamo. Le insidie psicologiche che intossicano la nostra vita*, Baldini & Castoldi, Milano 2014.

MAIOLO, GIUSEPPE, *L'occhio del genitore. L'attenzione ai bisogni psicologici dei figli*, Erickson, Trento 2000.

MARCOLI, ALBA, *Il bambino perduto e ritrovato. Favole per far la pace con il bambino che siamo stati*, Mondadori, Milano 1999.

—, *Passaggi di vita. Le crisi che ci spingono a crescere*, Mondadori, Milano 2003.

—, *Il bambino lasciato solo. Favole per momenti difficili*, Mondadori, Milano 2007.

—, *Il bambino arrabbiato. Favole per capire le rabbie infantili*, Mondadori, Milano 2017.

—, *Il bambino nascosto. Favole per capire la psicologia nostra e dei nostri figli*, Mondadori, Milano 2017.

MASSERIA, EMANUELA, *L'uso terapeutico della metafora*, Psiconline, Francavilla al Mare 2017.

MATHISEN, ARVE (a cura di), *Come sviluppare tutti i talenti del bambino*, Red!, Novara 2003.

MILANI, PAOLA, *Progetto genitori. Itinerari educativi in piccolo e grande gruppo*, Erickson, Trento 1993.

MONTAIGNE, MICHEL DE, *Saggi*, Feltrinelli, Milano 2016.

MONTESSORI, MARIA, *Opere*, Garzanti, Milano 2018.

MORELLI, RAFFAELE, *Il talento*, Mondadori, Milano 2013.

—, *Crescerli senza educarli. Le antiregole per avere figli felici*, Mondadori, Milano 2016.

MORTARI, LUIGINA, *La pratica dell'aver cura*, Mondadori, Milano 2006.

MUCCHIELLI, ROGER, *Apprendere il counseling. Manuale di autoformazione al colloquio d'aiuto*, Erickson, Trento 2016.

MUNDI, MARA, *Mi chiamo Danilo e faccio domande. L'attualità del progetto educativo di Dolci*, Aracne, Ariccia 2016.

NOVARA, DANIELE e REGOLIOSI, LUIGI, *I bulli non sanno litigare! Insegnare ai ragazzi a vivere con gli altri e a rispettarli*, Carocci Faber, Roma 2007.

OLIVERIO FERRARIS, ANNA, *Crescere. Genitori e figli di fronte al cambiamento*, Raffaello Cortina, Milano 1992.

OSHO, *Cogli l'attimo*, Feltrinelli, Milano 2011.

PALACIO, R. J., *Wonder*, Giunti, Firenze-Milano 2013.

PARODI, MAURIZIO, *Basta compiti! Non è così che si impara*, Sonda, Casale Monferrato 2012.

PARSI, MARIA RITA, *L'alfabeto dei sentimenti. Domande e risposte per crescere, cambiare, rispettare il proprio cuore e la propria vita*, Mondadori, Milano 2003.

PELLAI, ALBERTO, *L'età dello tsunami. Come sopravvivere a un figlio pre-adolescente*, De Agostini, Milano 2017.

—, *Baciare fare dire. Cose che ai maschi nessuno dice*, Feltrinelli, Milano 2015.

—, *Il primo bacio. L'educazione sentimentale dei nostri figli preadolescenti*, DeAgostini, Milano 2019.

—, *Allenare alla vita. I dieci principi per diventare genitori autorevoli*, Mondadori, Milano 2024.

PENNAC, DANIEL, *Diario di scuola*, Feltrinelli, Milano 2012.

PHILLIPS, ASHA, *I no che aiutano a crescere*, Feltrinelli, Milano 1999.

RECALCATI, MASSIMO, *Il complesso di Telemaco*, Feltrinelli, Milano 2014.
—, *L'ora di lezione*, Einaudi, Roma 2014.
—, *Le mani della madre*, Feltrinelli, Milano 2015.
—, *Mantieni il bacio*, Feltrinelli, Milano 2021.
—, *Uno diviso due*, Feltrinelli, Milano 2025.
REGOLIOSI, LUIGI, *Il counselling psicopedagogico*, Carocci Faber, Roma 2013.
ROGERS, CARL R., *Terapia centrata sul cliente*, La meridiana, Molfetta 2007.
—, *Un modo di essere. I più recenti pensieri dell'autore su una concezione di vita centrata sulla persona*, Giunti, Firenze 2012.
ROGERS, CARL R. e STEVENS, BARRY, *Da persona a persona. Il problema di essere umani*, Astrolabio, Roma 1987.
ROSSI, STEFANO, *Lezioni d'amore per un figlio. Accompagnare i ragazzi nei labirinti dell'adolescenza*, Feltrinelli, Milano 2023.
—, *Sentimenti maleducati. Coltivare l'intelligenza affettiva per insegnare ai ragazzi le cose dell'amore*, Feltrinelli, Milano 2024.
ROWLING, J. K., *Buona vita a tutti*, Salani, Milano 2017.
SAINT-EXUPÉRY, ANTOINE, *Il piccolo principe*, Bompiani, Milano 2014.
SCUOLA DI BARBIANA e DON MILANI, LORENZO, *Lettera a una professoressa*, Libreria Editrice Fiorentina, Firenze 1990.
STEIN, EDITH, *L'empatia*, FrancoAngeli Edizioni, Milano 2006.
STEINER, CLAUDE, *L'alfabeto delle emozioni*, Sperling & Kupfer, Milano 1999.
STERN, DANIEL N. e BRUSCHWEILER-STERN, NADIA, *Nascita*

*di una madre. Come l'esperienza della maternità cambia la donna*, Mondadori, Milano 2013.

STEWART, IAN e JOINES, VANN, *L'analisi transazionale. Guida alla psicologia dei rapporti umani*, Garzanti, Firenze 1990.

SURIANO, LUCIA, *Educare alla felicità. Nuovi paradigmi per una scuola più felice*, La meridiana, Molfetta 2016.

TANNIER, KANKYO, *La cura del silenzio*, Sperling & Kupfer, Milano 2017.

VALLA, FRANCESCA, *È facile fare la mamma… se sai come si fa*, Mondadori, Milano 2014.

—, *Libera i talenti del tuo bambino*, Sperling & Kupfer, Milano 2019.

VEGETTI FINZI, SILVIA e BATTISTIN, ANNA MARIA, *I bambini sono cambiati. La psicologia dei bambini dai cinque ai dieci anni*, Mondadori, Milano 1997.

# Ringraziamenti

Desidero ringraziare tutti coloro che hanno contribuito alla realizzazione di questo progetto, sia quelli che ne sono stati consapevoli e anche quelli che in forma indiretta sono stati comunque preziosi. Il confronto con gli altri è sempre la migliore occasione di crescita.

I miei genitori, Loretta e Franco, per l'infanzia donata. L'amore che ho respirato in famiglia è il patrimonio inalienabile che mi accompagnerà per sempre. Nei vostri abbracci ho sempre trovato Amore e Libertà.

Mia figlia Giorgia, testimonianza del miracolo della vita e dell'Amore immenso. Ogni giorno accanto a lei è scoperta e incanto. Amarla apre al mondo e a un nuovo sé.

Mio marito Mauro, che dimostra ogni giorno quanto l'Amore aiuti a compiere grandi rivoluzioni. Il nostro per Sempre.

Mio fratello Roberto, autentico, profondo, capace di imprese straordinarie. Averlo accanto è un privilegio immenso.

Un ringraziamento speciale ai professionisti, donne e

uomini, che ho avuto la fortuna di incontrare in questi anni di crescita nei vari progetti legati all'educazione e alla promozione di una cultura attenta all'infanzia e all'adolescenza.

A Chiara Bidoli, caporedattore del «Corriere della Sera» (redazione Salute), direttore responsabile delle testate infanzia del gruppo RCS, per la fiducia, per la grande professionalità e sensibilità nel condividere opportunità preziose dedicate alla cura e al benessere di bambini e adolescenti.

Al gruppo di Figli&Genitori per il coinvolgimento e le arricchenti condivisioni educative.

Al team di Cairo nelle persone di Rossella Biancardi, Elena Grimi e a tutti quelli che hanno collaborato con cura e sostegno alla realizzazione di questo progetto.

Al professor Massimo Recalcati, i cui libri sono per me preziose e autentiche opportunità di riflessione, arricchimento e crescita.

Ad Alessio Cimmino, Head of Communications Italy & Greece @ Meta, per la speciale professionalità e la fiducia dimostrate, e per il costante confronto e l'impegno autentico nell'aiutare i giovani a sostare in maniera positiva e responsabile sui social network.

Al professor Luigi Regoliosi, per avermi guidata nel riconoscere nel counseling un cammino prezioso di crescita, personale e professionale e per le preziose occasioni di confronto.

Al gruppo Sfera Media Group nelle persone di Maurizio Santandrea, Fabrizia Fabrello, Daniele Bella, Giulia Spiller e tutto il gruppo, fatto di persone con cui condivido preziosi progetti, sguardi e riflessioni.

A LILT, Lega Italiana per la Lotta contro i Tumori, nelle persone di Luisa Bruzzolo, direttrice generale LILT Milano e Mario Rampa, direttore medico di LILT, per lo speciale coinvolgimento nei progetti dedicati alla prevenzione e alla salute.

A Save the Children, per il coinvolgimento, la cura e l'impegno nel mondo dell'infanzia e dell'adolescenza.

Allo Studio Wocare nelle persone del dottor Strobelt e della dottoressa Veronica Salvi, per la professionalità e il coinvolgimento.

A Maurizio Cutrino, direttore di Assogiocattoli, per le preziose condivisioni educative nel riconoscere e valorizzare il gioco nella vita delle bambine e dei bambini.

A Elena Ferraro, per essere sempre al mio fianco con discrezione e professionalità in ogni sfida intrapresa.

Al team di lavoro della Family App PupAPPa, la prima Family App italiana che rende più facile la comunicazione tra famiglia e la scuola dell'infanzia (0-6 anni).

A Luigi Lanzarini, di Campus Store, per gli scambi sempre arricchenti sul mondo della scuola.

A Roberta Cocco, esperta di trasformazione digitale ed empowerment femminile, professionista straordinaria sempre per me stimolo prezioso.

Alla mia dirigente scolastica, i miei colleghi, gli insegnanti fino a oggi incontrati e vissuti per lo scambio di idee, di sguardi rivolti al mondo dell'infanzia.

Alla dottoressa Angela Poeta, mia mentore, che è stata determinante nel mio inizio di percorso professionale e personale.

Un sentito ringraziamento va alle mie bambine e ai miei bambini che in questi trent'anni di esperienze si sono fidati di me, dei miei sguardi, dei miei sorrisi, delle mie parole, dei miei incoraggiamenti e anche dei miei «no»!

Un pensiero profondo e sentito a tutte le persone che si

impegnano a tutelare e a proteggere l'infanzia e l'adolescenza.

A tutti gli esperti che trovo sul mio cammino e alle stimolanti condivisioni educative.

A voi genitori, che con fiducia e affetto date spazio ai miei pensieri, trasformandoli in dialogo e crescita.

Alle persone meravigliose che ho avuto la fortuna di incontrare in questa mia parte di vita. Conservo una parte di ciascuna di loro dentro di me.

Grata. Sempre.

Finito di stampare nel mese di agosto 2025
per conto di RCS MediaGroup S.p.A.,
da Rotolito S.p.A., Via Sondrio, 3, Pioltello (Milano)
Printed in Italy